忘れられない
鉄道の本

活字を力に変えた珠玉の読書歴集

『鉄道ダイヤ情報』
編

交通新聞社新書 169

まえがき

「人に名書あり」

人の一生において、一冊の本に出合って考え方が変わったという話は珍しくありません。幼少時の絵本や小学校の国語の教科書に始まり、成長につれ手にする書のステージが上がっていく。小学校の夏休みに課された読書感想文の宿題をイヤイヤ書かされた思い出がある人でも、意外と中学や高校の頃に自分の興味に見合う本と出合って影響を受けるとか、あるいはなんらかのきっかけでそんな本を再読して、当時の印象と大きく違って感動したとか、そんな話も聞きます。本とは、さながら級友と同じようなものかもしれません。

では、そんな本との出合いのなかで、果たして鉄道や交通関係の本はどうなのでしょうか？　一見、対象や興味が限られていそうなのですが。

ところが、これが大いに「熱い」のです。

毎月の月刊誌制作やアプリ運営のなかでいろいろな人に出会いますが、お話をさせていただくなかで、本の話題になる時が多々あります。しかも、その本についての思い出をたくさん語れるとか、なかには「この本によって考え方が変わった」「今の仕事をしているのは、あの本のおかげ」とか、人生に大きく影響している、という話も多く聞きます。それは、一般的な書と、違いがないのです。

そこで、鉄道メディア界で活躍されている方や多少なりとも鉄道に興味をお持ちの著名人の方々二十名に、「忘れらない鉄道の本」をテーマに語ってもらい、一冊にまとめてみよう。本書の企画は、そんなところからスタートしました。鉄道が主題の本はもちろん、少しでも鉄道が登場する本ならなんでもOK。自由に書いていただいたり、インタビューをさせていただいたりと、スタイルもこだわらない一冊にしています。

この本が、読者の皆様の豊かな読書ライフに、新たな一ページとなりますことを願って。

2023（令和5）年1月　『鉄道ダイヤ情報』編集部

もくじ

5章 考えさせられた・忘れられない

6章 人生を決める

1章

本は友達

スマホを手放せない人は多いでしょうが、カバンの中に単行本の一つくらい、常に入れておきたい人もいるものです。ちょっとした時間にちょっと読む。研究書の続きかもしれないし、物語のプロローグかもしれない。スマホの画面の気分転換に活字を追う、なんてことも…。本は、まるで友達のように一緒にいて楽しい存在です。この章では、熟読した、気が向いたときに読む（しかも何度も）など、常に読めるようにしている…、そんなエピソード集です。

コラムニスト 泉 麻人

はじまりは『乗物画集』だった

『乗物画集』　1964〜
『都電春秋』野尻泰彦　1969
『都電　60年の生涯』東京都交通局　1971
『世田谷のちんちん電車―玉電今昔』林順信　1984
『都電が走った街　今昔』林順信　1996
『昭和30年代　乗物のある風景』J・ウォーリー・ヒギンズ　2007

泉 麻人　いずみ あさと
1956（昭和31）年、東京都出身。エッセイスト。慶應義塾大学卒業後、株式会社東京ニュース通信社に入社。『週刊TVガイド』などの編集に従事したのちフリーに。東京、サブカルチャー、街歩きなどをテーマにしたエッセイ執筆や、コメンテーターや司会など、多岐にわたって活躍中。主な著書に『大東京のらりくらりバス遊覧』（2018年　東京新聞）、『銀ぶら百年』（2022年　文藝春秋）ほか多数。

手持ちの鉄道関係の書物のなかで〝オンタイムで読んだ〟という意味で最も古いものが『乗物画集』という絵本だ。

これは昭和30年代にヒットした〈講談社の絵本　ゴールド版〉というシリーズの一つで、ミッキーマウスやドナルドダックの絵本と同じように、本屋の店頭の回転式のマガジンラックにセットされていた光景を思い出す。『乗物画集』の名で何冊か出たようだが、僕が持っているのは最初の『乗物画集』と『乗物画集（4）』。古本屋で後から入手したものではなく、その証拠にただの『乗物画集』のタイトルに（1）とわざわざマジックで付け足しているのが子どもらしい。奥付を見ると前者が1960（昭和35）年3月、後者が1961（昭和36）年6月の発行だから、幼稚園に通っていた頃だ。

『講談社の絵本　乗物画集』。タイトル横に(1)と手書きしている。　著者所蔵

赤い電気機関車ED704が表紙絵の初作は、開くと扉絵がトヨペットクラウンで、自動車や飛行機の絵も載っているけれど、鉄道のページが圧倒的に多い。このなかで鮮やかな

印象が残っているのは、湘南型の東海道線と小田急のロマンスカー（３０００形ＳＥ）が並走する場面。こんな、子供向けの文が付いている。

みかんいろと　みどりいろの　からだの
しょうなん型でんしゃが、あたたかい
ひざしを　うけて、とうかいどうせんを
はしっています。あ、ぎんいろを　した
おだきゅうでんしゃと　きょうそうだ。
みどりの　おかを　まどから　ながめ、
うみの　かおりを　ふくんだ　かぜを
うけながらはしって　います。

古写真や地図で細かくチェックしたわけではないけれど、ガード下を車が走っているから、小田原の先で国道1号がガードをくぐる早川口あたりがモデルだろうか。

ちなみに文章を担当しているのは、戦前から多くの児童書を手掛けた教育評論家（作家）

の宮下正美。安井小弥太や秋吉文夫…複数の画家の名が載っているが、鉄道好きの編集者のような人も付いていたのか、子供が喜びそうな交通名所がおさえられている。

「さくら」のヘッドマークを付けたＥＦ58 １００が表紙に描かれた画集（４）の方には、地下鉄丸ノ内線と中央線が交差する御茶ノ水駅のシーンがある。丸ノ内線はもちろん赤に白帯、銀のウェーブラインの初期車両（５１８の番号がある）、中央線はオレンジ色に渋味のある１０１系で、こちらはこんな文が記されている。

ここは、とうきょうの　おちゃのみずえき。
うえには　ちゅうおうせんの　でんしゃ、
したには　ちかてつの　まるのうちせん。
はしは、なだかい　ひじりばしで、じどう
しゃの　とおりみち。かわの　むこうは、
とでんの　せんろ。おりるひと、のるひと
で、にぎやかです。

神田川を斜めにわたる丸ノ内線を手前に、堤上の中央線の奥にニコライ堂、聖橋の右側の下道に都電が小さく描かれているから、これは川の下流側から眺めたショットだろう。絵には入っていないが、このすぐ右側の川べりに『自由学校』（獅子文六）の名残りのようなバラックが並んでいた。

この絵本を愛読していた幼児の頃はさほど興味をもっていなかったのだが、絵の右隅の聖橋下に描かれた都電にやがて魅かれるようになる。そのきっかけとなったのは、１９６７（昭和42）年の師走に銀座通りの路線をはじめとして九つの主要路線が廃止になって、ニュースで大きく取りあげられたこと。小学5年生で「地歴クラブ」なんて部活に入っていた社会科少年の僕は、消えてゆく都電という公共交通に大いなる興味を抱いた。

翌年にも銀座のタテ筋（晴海通り）の路線などいくつかが廃止されたが、『都電春秋』はその当時、熟読した、オトナ向けの都電随筆集だった。奥付が１９６９（昭和44）年4月だから、中学に入学してまもない頃だろう。小6の時期に買ってもらった人気のカメラ〈リコーオートハーフE〉で、残存する都電や旅先の路面電車を撮りはじめた頃だから、そういう撮影ポイントの手引きにもしていた。

著者・野尻泰彦氏の〈はしがき〉によると、１９５９（昭和34）年頃から記録（写真とメモ書きのようなものか…）していたものが、やはり廃止に伴う回顧ブームによって書籍化の運びになったのだと思われる。文章も良いが、各路線のナイスショット写真のキャプションに〈37・4・15〉などと細かく日付が記されて、カメラマークを入れた撮影地の略地図が添えられているのがありがたい。当時読んだ記憶が強く残る、ポイントをいくつか紹介しよう。

まず、「旧練兵場の緑」と題された項。

青山墓地の豊かな緑にくらべ、同じ墓地下を通る第七系統の東側の車窓には、麻布新竜土町から霞町の低地にかけて、緑は緑でも、実に荒涼とした原野が展開する。太平洋戦争前、赤坂地区からこの辺一帯まで広大ないわゆる青山練兵場であった。

文章後半には、文学者が集った伝説のレストラン「龍土軒」の解説もあり、草深い墓地脇を走る7系統・１２００形の写真（昭和36年7月9日撮影）が掲載されている。この7番の都電は本が出て少しの間はまだ残っていた（昭和44年10月25日廃止）が、晩年は西麻布の方からの広い道が横に通って、「荒涼とした原野」の感じは薄れていた。『月光仮面』（昭和33年頃のＴＶドラマ）のＤＶＤを眺めると、草深い頃のこの辺のロケーションがよく出てくる。

専用軌道区間好きの僕は、新宿駅前から人形町の水天宮前まで行く13系統の都電が走る大久保車庫付近の景色が描写された「西向天神のあたり」という一文にも魅かれた。

新宿駅前から水天宮まで通ずる第十三系統は何となく暗い感じのする路線である。新宿三光町から北へ入りこみ、裏通りへ裏通りへと逃げながら、しかも埃っぽい東京の町をいくといった感じだが、その系統に見つけた唯一の緑の木陰、それが西向天神下の専用軌道である。

この都電は70年代に入る1970（昭和45）年の3月まで走っていたので、本に掲載された西向天神近くの勾配軌道をいく都電風景を頭に描いて乗りに出かけた記憶がある。車道（いまの抜弁天通り）の東大久保電停のところへ上っていく感じは登山電車みたいな急勾配の印象があったけれど、軌道の後に敷かれた文化センター通りを眺めると、大した坂ではない。

ところで、傍らの西向天神には藤圭子のヒット曲『新宿の女』の歌碑が立っているが、その歌をもとにした日活映画『盛り場流し唄　新宿の女』は廃線直後のこの辺でロケされていて、まだ大久保車庫に残されたままになっている都電の姿や線路を眺めることができる（和田アキ子主演の『女番長　野良猫ロック』のなかにも、イカれた藤竜也がダイハツのフェローバギーでこの線路をぶっとばすシーンがある）。

この本のなかで何度も読み返したのが、「王電の面影」という話。千登世橋や雑司が谷のあたりを走る32系統の電車は、いまも都電荒川線として健在だが、中落合にあったわが家から最も近い路線だったので親しみが深かった。そんな32系統（27系統も）の前身が「王電」（王子電車）という私営の郊外電車だったことを知った。

そして、このページには学習院下の先の高戸橋を渡る160形の写真が掲載されている。この160形と170形は、戦前の王電時代から使われていたレアな小型車両…と知って、こいつを目当てにリコーオートハーフを持って写真を撮りに行った。が、やってくるのは6000形と7500形ばかりで、結局この王電由来の小型都電に出合うことはなかった（昭和43年には全て廃車になったというから、ぎりぎり間に合わなかったのかもしれない）。

都電関係の本では、1971（昭和46）年に運行60周年を祝して東京都交通局が刊行した『都電　60年の生涯』という写真集がいまも手元にあるけれど、こういう文章を書くときに重宝しているのがJTBキャンブックスの『都電が走った街　今昔』（1996年刊）である。写真を撮影した林順信氏は80年代に大正出版から出た都バスの写真集で知った人だが、写真だけではなく、文章もシャレっ気があって面白い。昭和初めの本郷で生まれ育った人らしく、江戸由来の伝説などが、小気味よく紹介される。

江戸っ子は、日常会話のなかで、地名を織り込んだ地口めいた文句を口にしたりして喜んだものである。友だちと別れるとき、「アバよ　芝よ　金杉よ」と言ったものだ。

と、これは先の都電の本のなかの「金杉橋」の解説の枕。この金杉橋から渋谷の駅前までいく34系統が廃止されたのは1969（昭和44）年の10月のことで、三田の中学に通っていた僕は三ノ橋あたりから何度か乗ったおぼえがあるけれど、この年は5月の初めに渋谷から出る東急の路面電車・玉川線も廃止された。林順信氏は、『世田谷のちんちん電車玉電今昔』（大正出版）という写真集も上梓されている。

もう一冊、仕事場のトイレに置いて、しばしばめくって楽しんでいる鉄道写真集を紹介しておこう。ノスタルジー写真の世界では知られたJ・ウォーリー・ヒギンズ氏の『昭和30年代乗物のある風景』（JTB）だ。

そもそもこのヒギンズという人は、戦後の昭和20年代に米軍の仕事で横須賀にやってきたらしいが、コダクロームのスライド用フィルムを使って、趣味の鉄道写真を撮り集めていたようだ。そして、大味なイメージのアメリカ人とは思えないような、日本の田舎の素朴なローカル線をターゲットにしているのが興味深い。フランス人なんかが京都のひなびた山里の茅葺き家にひっそりと住んでいたりすることがあるけれど、そういう東洋趣味をもったアメリカ人だったのだろう。

僕がとくに気に入っているのは「東日本編」の花巻電鉄を撮影したページ。花巻電鉄は俗に〝馬づら電車〟と呼ばれた幅のない古車両が走っていたナローゲージの軌道で、1972（昭和47）年には姿を消した。

何枚かのスナップが掲載されているが、いつもじっと目をこらして、写真の世界に吸いこまれるように眺めているのが、西鉛線の西公園駅前の厳冬風景。薄らと雪の積もった、おそらく簡易舗装程度の荒れた道の端の電停前にトロリーポール式の電車（デハ21）が停まり、寂しい商店の前をほっかむりをしたオバサンがこごえるように歩いている。道端の軌道はちょっと先で左方に分かれ、分岐点のあたりにブルーバードの小型トラックが見える1965（昭和40）年1月の写真。

写真下に付いた、ヒギンズ氏の手記調の文章も趣がある。

歩くよりも路面電車に乗りたくなるような天候の日だった。電車の斜め上に見える鮮やかな赤色の看板の広告、日立冷蔵庫を売るには、むずかしい日だった。

これを読むと、ヒギンズというアメリカ人は日本語看板のある町並も視野に入れて鉄道写真を撮っていた、ということがよくわかる。

この「東日本編」の裏表紙と新宿のページにデカデカと掲載されている、四谷《よつや》三光町《さんこうちょう》の停留所のトロリーバスの写真も目に残る。明治通りを走るトロリーバス以上に印象的なのは、傍らの映画館・新宿東宝の玄関に大きく掲示された『クレージー作戦　先手必勝』と『戦国野郎』の興行看板。1963（昭和38）年3月の撮影だが、この〞先手必勝〟は僕が初めて観たクレージーキャッツ映画なのだ（観た場所は近所にあった目白東宝という町劇場だったが）。

鉄道的見地でいうとこの映画、玉電の用賀駅脇に存在した草深い感じの引込線がその向こうの新東宝の映画館とともに記録されているのが貴重である。

本に導かれて、手持ちのカメラで都電や玉電を追った少年期。
今も保存しているスナップ写真の数々

1969（昭和44）年5月の廃止寸前の玉電、渋谷駅ホーム

池袋駅前の都電17系統　1968（昭和43）年頃。まだ西武の並びに丸物デパートがある

渋谷駅を発車する玉電の人気車両200形。当時はペコちゃん、あるいはタルゴ（スペインの電車にたとえた）のニックネームで呼ばれていた

千登世橋の下の専用軌道をゆく都電32系統

私の「忘れられない鉄道の本」

1　既述『乗物画集』（講談社）　1964〜

2　既述『都電春秋』（野尻泰彦　伸光社）　1969

3　既述『都電　60年の生涯』（東京都交通局）　1971

4　既述『世田谷のちんちん電車　玉電今昔』（林順信　大正出版）　1984

5　既述『都電が走った街　今昔』（林順信　日本交通公社出版事業局）　1996

6　既述『昭和30年代　乗物のある風景』（J・ウォリー・ヒギンズ　JTBパブリッシング）　2007

7　「阿房列車」シリーズ（内田百閒　各社）　1950〜
言うまでもない百閒の鉄道旅名著。とくに、この時代の東京駅構内精養軒に行ってみたくなる。

8　『時刻表おくのほそ道』（宮脇俊三　文春文庫）　1984
宮脇本も好みが何冊かあって迷うけれど、私鉄ローカル線推しの僕としてはコレ！

9　『特急電車と沿線風景』（新宿歴史博物館）　2001
「歴博」の図録には値頃な好著が多い。これは小田急、京王、西武電車の歴史がオタクな図版と詳細な解説でまとめられている。

10　『鉄道が変えた社寺参詣』（平山昇　交通新聞社新書）　2012
交通新聞社新書には『国鉄スワローズ』の本など奇抜な好企画がたまにあるが、本書は「初詣」のこだわりなどにグッときた。

国会議員 石破 茂 【インタビュー】

列車内は、読書をはじめ自分をリセットするのに最適な空間

『トイレット部長』藤島茂 1960

石破 茂 いしば しげる

1957(昭和32)年2月4日生まれ、鳥取県出身。政治家(自由民主党衆議院議員)。慶應義塾大学法学部卒業後、三井銀行に入行。1986(昭和61)年、衆議院議員総選挙に鳥取県全県区で出馬し初当選。防衛庁長官、防衛大臣、農林水産大臣、自由民主党政務調査会長、自由民主党幹事長などを歴任。政界きっての鉄道好きとして知られ、地元鳥取と東京との往復に列車を活用している。自称〝乗り鉄〟兼〝呑み鉄〟。

山陰の名列車「出雲」への思い

石破茂さんといえば、国会はもちろん、様々なメディアで活躍されている政治家。でも、

1978（昭和53）年頃の鳥取駅。高架化工事が進められている

私たちレイルファンにとっては、国会議員きっての鉄道好きとして知られ、鉄道に関わるエピソードが伝わってくることも多い。そこで、「忘れられない鉄道の本」の前に、そもそも鉄道への興味の馴れ初めから伺った。

「私が育ったのは鳥取県庁の近くにある、県知事公舎でした。ですから、いちばん馴染みが深かったのは国鉄（現在のＪＲ西日本）山陰本線ということになります。私が物心ついた時分には、まだたくさん蒸気機関車が働いていました」

子どもの頃から鉄道が好きだったという石破さんだが、鉄道が好きになったことに、特別なきっかけがあったというわけではなかったそうだ。「動くものが好き、非日常感があるものが好き、格好いい」というのが鉄道好きになった理由で、つまり、多くのレイルファンが鉄道好きになった理由の一つと、同じである。

その後、中学生、高校生と成長するにつれ、蒸気機関車のプラモデル作りに没頭した。当時、「大滝」「フジミ」といったメーカーが鉄道車両の模型化を続けており、石破さんはＣ57形を組むのが好きだった。その当時、山陰本線に数多く配置されていたのはＤ51形であったが、プロポーションの良いC57形にいちばん強く惹かれたという。

「C57形はきれいなカマでしたね。C53形もきれいでした。C62形はドデカイけれど、あまりきれいには見えない。元々、あの機関車は貨物用機関車のD52を改造して造ったものですし。D51形は、数は多かったけれども、やはり元来が貨物用ですから、C57のような見た目の魅力は乏しい。ですからD51がお召列車を牽いた時には驚きました。1971（昭和46）年4月に伯備線でお召列車を牽いたのは、D51だったんです。その時は私はまだ中学生でしたから、とても現地に行くことなどできませんでした」

　高校生になってからは地元を離れ、東京での生活に変わるが、鳥取との大きな環境の違いにホームシックになったこともあるという。そんな淋しい時は東京駅へ行き、東京と山陰地方を結んでいた「出雲」を見て過ごした。時々、ホームに集まる乗客から山陰地方のお国訛りの言葉が聴けるからで、これだけでも随分、気持ちが安らいだという。まるで石川啄木の『一握の砂』を思わせる思い出話だが、この時代、飛行機はまだまだ庶民にとっては高根の花で、鉄道が東京と地方を結ぶ大きな存在だったし、「出雲」は山陰地方随一の花形列車だったということだろう。

「『出雲』は、山陰地方に住む人間にとって〝出世列車〟でもありましたし、10系を使用し

ていた急行時代から、そのイメージが強かったですね。それでも私にとっての『出雲』というと、20系で運転されていた時代のことが強烈に印象に残っています。1972（昭和47）年3月に特急に格上げされて使用車両が20系になったのですが、鳥取駅に入ってくる特急『出雲』を初めて見たとき、”20系が鳥取にも来るんだ！“と一人で大感動したことを憶えています」

食堂車から車内放送で呼び出し？　国会議員の特急「出雲」の旅

石破さんと「出雲」の深い関わりが始まるのは、大学卒業後、銀行勤務を経て、1986（昭和61）年に衆議院議員となってからのこと。選挙区の鳥取と東京を往復するのに一番便利だったのが、寝台特急「出雲」だったからだ。

「衆議院議員となった1986（昭和61）年から、特急『出雲』を頻繁に利用するようになりました。正確に数を数えたわけではありませんが、それ以来、千回は乗車しているはずです。私が初当選した時代には、まだ議員の移動に寝台券は支給されなかったのです。何故それが出ないのか人に訊いたら”移動のためのお金は出すが、宿代は出さない“というのがその時の答えでした。ですから寝台券はいつも自腹でした。まだその頃、B寝台は二段式で、上段の料金のほうが安かったから、いつも上段の利用でした」

ところが、国会議員ともなると、レイルファンのような〝旅情豊かな寝台特急の旅〟とはいかなかったようで…。

「私が鳥取駅から『出雲』に乗るためにホームに立っていると、時折見つける方がおられて、発車後しばらくすると車内放送で〝衆議院議員の石破茂様、食堂車で○○様がお待ちです〟と呼び出しがかかる。○○様、と言われてもすぐにはわからないのですが、食堂車に行ってみると賑やかな宴会が始まっていて、〝おお来たか、まあ一杯飲め〟となるわけですね。私も若かったですし、お酒も嫌いではありませんから、一緒になって楽しく飲みます。やがてお開きとなって、寝台に帰ろうとすると、また別のグループの方々が食堂車に入ってこられて、〝おお、俺たちとも飲もうじゃないか〟ということになって、また宴会。最後は完全に酩酊状態でフラフラになり、架けられたハシゴをよじ登って寝台に倒れこむ。それで目が覚めたら財布がない、ということが二回あって、自分の馬鹿さ加減に愛想が尽きました。あとになって聞いた話ですが、当時、食堂車帰りの酔客というのはスリにとって一番狙いやすかったのだそうです。寝台列車に乗ったことがある方ならご存じかもしれませんが、車掌さんが決まって「最近、盗難事故が多発しております。貴重品は必ず身に着

けてお休みくださいと車内放送していたでしょう？　あれ、本当だったんですね」

やがて「出雲」が14系になって、個室車が連結されると、そこは恰好の「自分だけの空間」となった。

「読みたかった本や、観たかった名作映画を楽しむことができました。24系になって寝台の幅が狭くなり、ビデオデッキも無くなってしまった時は、ほんとうにがっかりしましたね」

と石破さん。子どもの頃、10系の一等寝台を利用する国会議員を見かけた時には「国会議員って凄いな」というのが第一印象だったというが、まさか、自身が寝台列車で忙しく各地を往復することになるとは想像もしていなかったのかもしれない。

「当選回数の少ない議員にとっては、毎日が選挙運動のようなものでしたから、夜行列車は本当にありがたい存在でした。田中角栄先生から、”歩いた家の数しか票は出ない“と教わっていたので、暇さえあれば地元に帰って一日何十軒、何百軒と歩いていたのですが、当時は『出雲』や大阪行きの急行『だいせん』、大阪弁天町行きの夜行特急バス、新幹線、飛行

石破さんにとって愛着の深い特急「出雲」。
運行最終日の東京駅で、発車を待つ一コマ。
東京駅　2006.3.17

機をうまく組み合わせれば、自在に東京と鳥取を往復できて、国会と地元の活動を両立させることが可能でした。多い時は週に四往復しましたね。『出雲』に乗っている、東京や地元に着くまでの十時間は、英気を養い自分をリセットできる貴重な時間でした。『出雲』が無ければ、今の自分は無かったと思います。

藤島茂作品との出合い、やはり外せない内田百閒

そんな鉄道好きの石破さん、「忘れられない鉄道の本」というのは、あったのだろうか？伺うとやはり、あったそうで、大きな衝撃を受けた本とは、中学生の頃に出合った。

「藤島茂さんという方がお書きになった『トイレット部長』ですね。私がこの本と出合ったのは中学生の頃でしたが、とても面白かった。著者の藤島茂さんという方は東大を出て国鉄に入り、大分鉄道管理局長や国鉄外務部長などを歴任された方なのですが、なぜこの方が『トイレット部長』なのかというと、駅のトイレはいかにあるべきか、列車のトイレとはいかにあるべきなのか、これを一所懸命考えた方なのですね。列車のトイレについては、それまでは垂れ流し式だったものがタンク式になってゆく。駅のトイレについても、みんなが使いたくなるようなトイレにするべきだと、そういうことが書かれています。本一冊、

始めから終わりまでほとんどトイレの話なのですが、国鉄に対する愛情が一杯なのです。当時、『トイレット部長』はベストセラーになり、映画化もされています。映画で主演を務めたのは、池辺良さんでした。その頃の駅のトイレというのは相当に汚かったのだけれど、人々の日常に欠かせない存在であり、この本は内側から見た国鉄という視点で書かれてる点でも、とても面白い一冊でした。藤島茂さんの作品には『遠い汽笛』というものもあり、これも面白く読みました」

確かに昔、国鉄の駅のトイレはとても汚いものだった。なるべくであれば使わずに済ませたい設備の一つであったという人も多かったはずだ。この風潮は、ようやく平成、令和の時代になって改められ、今日の駅のトイレは、誰もが何の抵抗もなく使うことができる施設へと変わってきているし、そもそも「トイレをまずキレイに」と考える鉄道会社も増えている。そこに大きな時代の進化があるわけだが、『トイレット部長』が最初に刊行されたのは、１９６０（昭和35）年のこと。この時代を思うにいち早くトイレという設備の重要性に着目し、この改善案を訴えた著者の慧眼には驚かされる。そしてそのような書籍を見つけ、その面白さを知った石破さんにしても然り、である。

「この本に記されている著者の鉄道に対する愛情、鉄道が好きなもの同士が共有できるシン

パシーを感じることができるのが大きな魅力です。同じ藤島茂さんの『遠い汽笛』からは、お召列車を運転することの栄誉を知ることができました。そこには、現場で働く人間の誇りがあります。たとえば防衛省の本省で事務の仕事をするよりも護衛艦の艦長でいること、昔の鉄道で言うなら、国鉄の鉄道管理局長になることの誇り、喜びですね。藤島作品には、現場で鉄道を支える国鉄マンの思いが託されているように思います。

この他では、内田百閒の『阿房列車』のシリーズも楽しく読みました。内田百閒という作家は、観念的な作品を多く残した人で、それがこの作家の本質なのだと思います。「阿房列車シリーズ」は、それとはずいぶん趣が異なっているのですが、鉄道を舞台に肩の力を抜いた楽しさがありますね」

内田百閒の「阿房列車シリーズ」の面白さは、改めて語るまでもないだろう。「なんにも用事がないけれど、汽車に乗って大阪へ行って来ようと思う」という有名なフレーズで始まるエッセイは、その用事の無さを示すかのように淡々と進む。百閒の筆の飄々とした語り口に隠れているのは生きることの切なさなのだが、そこまでの深読みをせずとも、同行する国鉄職員の「ヒマラヤ山系」氏との禅問答のような掛け合いが楽しく、まるで列車の進行を表現しているかのごとく話題が進み、鉄道旅行のルポとして一級の仕上がりを見せている。

「私も百閒先生のような、乗り鉄、呑み鉄ですから、とても親しみがありますね。あと、鉄道を舞台にした文学作品では、三浦綾子さんの『塩狩峠』が印象深いです。殉職する鉄道員の話ですよね。私はこの作品を高校生の頃に読んでショックを受け、家から一歩も出られない日が二日間くらいあったことを憶えています。人のために死ねる人がいるんだ、と…。

レイルファンには気になる鉄道ミステリーと映画

それから、いわゆるトラベルミステリー。鉄道のトリックを使った推理小説ですね。松本清張の『点と線』や『砂の器』はもちろんのこと、西村京太郎や島田荘司の作品もずいぶんと読みました。西村作品では、初期の作品『夜行列車殺人事件』が好きでしたね。国鉄総裁の秘書に、夜行列車の爆破予告の手紙が連続して届くところから始まり、最後は『出雲』が爆破されてしまう、というサスペンスです。『急行銀河殺人事件』という作品も好きでした。どちらも頻繁に乗っていたので、特に興味を惹かれたんだと思います。島田荘司の『出雲伝説7／8の殺人』も、やはり地元が舞台ですから面白く読みました。山陰地方のあちこちの駅と大阪駅で女性のバラバラ死体の一部が発見されるのですが、頭部だけが出てこない、というお話です」

ところで、推理小説では決まってトリックの正当性や実現性などが話題になる。西村京太郎さんは晩年「だんだん列車ダイヤが画一化されていき、鉄道トリックが作りにくくなっている」という類の発言をされている。トリックは推理小説の面白さの根幹でもあるが、こと鉄道がテーマとなるとなお一層、それらがレイルファンの間で取り沙汰されることしばし、である。鉄道好きの石破さんから見て、一連の作品に、事実とは異なるような、レイルファンゆえの気になる点というのは無かったのだろうか。

「小説はそれぞれよく調べた上で書かれているのですが、これが映画化やテレビドラマ化されると"あれ？"と思うことがありましたね。例えば、映画『砂の器』は不朽の名作ですが、丹波哲郎扮する刑事がキハ80系の特急『まつかぜ』に乗って島根県に捜査に行くシーンで、途中の鳥取駅で朝刊を買って、車内でそれを読んでいる場面では、なぜかこれが急行用のキハ58系になっている。それこそミステリー（笑）」

やはり、気づくべきところには気づいていた、というわけだ。ところで、石破さんが好きな鉄道雑誌とは？

「鉄道雑誌なら何でも好きなのですが、特に食堂車を採り上げた記事が好きですね。"これ、乗ったことがある" "このメニュー、食べたことがある"という懐かしさがあります。食

堂車と言えば、東海道・山陽新幹線を走っていた『グランドひかり』の食堂車は良かったですね。二階に食堂車があった100系新幹線ですが、グリーン車には個室もあったりして、あれは国鉄最後の威信をかけた車両でした。あと、〝未来の乗りもの〟感がいっぱいの500系新幹線。山陽新幹線で『こだま』としてのみ運転されていますが、今でも乗ってみたい車両です」

列車内は読書するのにいい空間

いつの間にか読書から車両の話になっても鉄道の話が続く石破さんからは、鉄道と、それらに関わる全ての人たちへの敬意と、温かな愛情が随所に感じられた。

最後に、石破さんにとって、読書と鉄道の魅力について伺った。

「列車内は、読書するのに最適な時間と空間だと思います。『出雲』が無くなってしまったあとも、急行『銀河』と特急『スーパーはくと』の乗り継ぎで列車で鳥取とを往復して、可能な限り読書の時間に充てていました。今でも、東京から『のぞみ』で姫路まで行って、そこから『スーパーはくと』に乗り換えます。これで東京から5時間半で鳥取まで帰れます。そういう時には、この本を名古屋に着くまでにここまで読もう、新大阪に着くまでに

思い出の書籍、藤島茂さんの著書を手に、鉄道と読書の魅力を語る石破茂さん

ここまで、姫路に着くまでにここまで、そして鳥取に着くまでに一冊読み終わるという、列車ダイヤならぬ〝読書ダイヤ〟を立てたりします。ただ、人の目もありますから、少し難しそうな本を読むこともあり、ダイヤ通りに読み進まないこともあります（笑）。それでも、やはり私にとって列車での移動時間は、貴重な読書の時間でもありますね」

やはり、他の乗客の目にも気配りされていたというわけだ。政治家の列車旅も、それなりに大変そうである。

「だから、寝台車での読書は本当に良かったですね。読書灯を点けてカーテンを閉める。そこに出来上がった自分だけの閉鎖的な空間が魅力的なわけです。活字に集中できるというか…。押し入れのなかに蛍光灯を持ち込んで、自宅で寝台車の雰囲気を味わったこともありましたよ」

2章

仕事に生かす

人は生まれて、成長し、そしてどんな職業に就くのか。これは、全ての人に課せられた大きな課題と言えます。義務教育の力で成長する過程で、好きな事や得意な物事に出合っていきますが、これがそのまま仕事になるか、というと、なかなかそうはいかないのが社会というもの。「趣味と仕事は別」とは世の中の常套句ですし、たとえ好き好んで入った業界でも、外から見ていた印象とのギャップの大きさを感じて、悩み苦しむ人もおられます。その半面、好きな事が昂じてうまくハマリ、そのまま仕事にしている方もたくさんおられるでしょう。

当章では、そんな仕事を続けるなかで、鉄道の本から何かしらの働く知恵を得られたというエピソードを教えてもらいます。

会社員　南田裕介

自分らしく生きる術を教えてくれた、両親と鉄道の本たち

『汽車のえほん　きかんしゃトーマス』ウィルバード・オードリー　1973〜
『ブルートレイン入門』増田浩三編　1981

南田　裕介　みなみだ ゆうすけ
1974（昭和49）年8月22日、奈良県出身。副部長マネージャー。静岡大学卒業後、株式会社ホリプロに入社。タレントのプロデュースをする傍ら、鉄道好きの明るいキャラクターを生かし、テレビ朝日『タモリ倶楽部』、CS日テレプラス『鉄道発見伝』などの鉄道関連のテレビなどに出演。このほか、鉄道関係のラジオ、雑誌やyoutube、イベントでも活躍中。

お世話になっております。ホリプロでマネージャーをしております南田と申します。タレントのマネジメントをする傍らで、大好きな鉄道の仕事をしております。どうぞよろし

くお願いします。

私は昭和49年にうまれました。

子ども時代を奈良県で過ごしました。

幼い頃は奈良市の大和西大寺駅の近くに住んでいました。

近鉄京都線の平城駅の方が近かったかもしれません。

近くの踏切を行き交う近鉄電車に目を輝かせていたそうです。

私の父は新聞記者、私の母は文芸部。家にはたくさんの書物がありました。

たくさん絵本も買ってくれました。『きかんしゃやえもん』や『いたずら機関車ちゅうちゅう』など鉄道が出てくる作品も買ってくれました。そのなかでも『汽車のえほん　きかんしゃトーマス』シリーズは何度も何度も見て、読んでもらいました。のちにテレビ番組化され映画にもなったこの作品。なんといっても魅力はソドー島で働くカラフルな機関車たちの活躍と、その表情です。スターであるはずの機関車が笑顔だけでなく、しかめっ面や嫌な表情を平然としていました。

シリーズ十二作目の『8台の機関車』は特に好きでした。それぞれの機関車が主人公のオムニバス形式で編集されています。

『パーシーのとびこみ』では黄緑色のいたずら機関車パーシーは、貨車たちといたずらを計画するのですが、その表情といったら。結果的にいたずらは失敗に終わるのですが、そのトホホ顔といったらかわいくて仕方ありません。また、『ゴードン、ロンドンへ』では、普段は高飛車で上から目線のゴードンが、ひょんなことからロンドンへ客車を牽いていくことになるのですが、ロンドンへ向かうときのあの明るい表情といったら、もう別人みたいです。『じゅうれん』では笑顔が多かったジェームスがものすごく不機嫌な顔をしていたり。機関車たちが喜怒哀楽をストレートに表情に出します。おそらく私の両親は、ソドー島の機関車たちのように感受性豊かな人生を送ってほしかったのだと思います。母の字で絵本の片隅に書かれた「みなみだゆうすけ」という名前を見るたびに、そう思います。

大井川鐵道で実際にトーマスが走るようになったことも衝撃でした。そのニュースを聞いたときは、半信半疑でした。アトラクションならともかく、本線上を本当に走るのか？ あの茶畑のなか、大井川沿いをブルーのトーマスが本当に走るのか⁇ 黒いSLが当たり前の日本でカラフルな機関車が走るのか？？？ 実際に大井川鐵道でトーマスと会いました。

もうトーマスそのものでした。あの絵本のなかで活躍していた姿が目の前にありました。笑顔で私を迎えてくれました。色を塗り替えた旧型客車も花を添えました。昭和の雰囲気が満載の新金谷駅にトーマス、それを見て笑顔になるお客さんや子どもたち。絵本の世界観はしっかり見事に再現されていました。たくさんの方が絵本を読んで、また大井川鐵道でトーマスに会って乗ってたくさんの思い出を作ってほしいなと思います。

やがて、小学生になりました。

新幹線は東海道・山陽新幹線のみで、東北・上越新幹線は開業前で200系はもちろんE5系「はやぶさ」やE6系「こまち」、H5系やN700Sなど現代のカッコいい新幹線はまだデビュー前で、0系新幹線しか走っていない時代でした。0系新幹線ももちろんかっこよかったですが、見た目が1パターンしかなかったの

南田さんを鉄道の魅力に引き寄せた機関車トーマスは、鉄道車両個々のキャラクターが様々な物語を展開するアニメ。しかし、大井川鐵道で見事、実車で再現された　©2014Gullane (Thomas) Limited.

で、私の興味が深く入り込むことはありませんでした。

当時の少年南田の興味はもっぱら「ブルートレイン」でした。東京・大阪から九州各地等へ何往復も、上野から東北・北陸地方へ何往復も走っていました。青函トンネルも瀬戸大橋もまだなく、のちの大スターとなる寝台特急「北斗星」の誕生前の時代です。寝台の種類も「ロイヤル」や「ツインDX」、「カルテット」も「ソロ」もない時代です。東京から西鹿児島（現在の鹿児島中央）まで、鹿児島本線・熊本経由で結んだのが「はやぶさ」。東京から日豊本線大分経由で西鹿児島まで結んだのが「富士」。東京から肥前山口（現在の江北）で分割をして長崎・佐世保までを結んでいたのが「さくら」。このあたりのブルートレインが各鉄道図鑑などでトップに紹介されていました。たしか「はやぶさ」「富士」は銀帯の24系25形。「さくら」は白帯の14系でした。ヘッドマークを掲げた電気機関車が牽く青いボディーの寝台車がイキイキと走る写真が掲載されていました。いつかは乗りたいブルートレイン、L特急でもなく新幹線でもなく「ブルートレイン」への憧れは増すいっぽうでした。

きっかけは、大和小泉駅という国鉄沿線へ引っ越し全国につながる線路が身近になったことなどいくつかありますが、一番はこの『ブルートレイン入門』と出合ったことだったと思います。

まず表紙を見てみましょう。「出雲」のヘッドマークを掲げたEF65形1000番代電気機関車とヘッドマークたち。あえて「はやぶさ」「富士」を外したのでしょうか。「出雲」は東京と京都から山陰本線経由で浜田・出雲市まで結んだ寝台特急です。二往復走っていて、表紙は、客車の帯の色が白なので14系の出雲2・3号でしょうか。赤い色のヘッドマークがずっしりときますね。子どもながら「出雲」の持つパワーにくぎ付けでした。表紙巻頭カラーではめちゃくちゃカッコいい写真が並んでいたり、当時二十四種類だった全てのブルートレインの解説が丁寧にされています。同じようなアングルばかりにならないように工夫された写真のセレクトなど、入門編にしてはものすごく掘り下げられた内容になっていますが、コミカルなキャラクターが漫画のように吹き出しで解説してくれるのでとっつきやすくなっていまして、私も勉強するというよりも楽しく読書するテンションで読んでいました。そのなかで一生忘れられないであろう写真がありました。ブルートレインへ実際に乗ったルポルタージュで、深夜に寝台特急「彗星」とすれ違ってテールマークをとらえたものでした。一瞬のタイミングだったはずなのにしっかりととらえられている。とても素晴らしいもので、私もデジカメなどで幾度かチャレンジしていますが、あの『ブルートレイン入門』の「彗星」よりもうまく撮れたことがありません。また、とても印象に残ったのが北海道を走る夜行急行

多くの子どもたちにとって、ブルートレインはスターだった。東京、上野、大阪ほか、駅のホームにはカメラを持った子どもたちがたくさん集まった　1978.10.6 東京駅

「大雪」です。冬の過酷な環境のなか、一晩走りきって客車が雪まみれになっていた写真が掲載されていました。雪の少なかった奈良県で育った私にとって信じられないものでした。札幌と網走という距離的にはそこまで長くないですが、雪に負けずに走り切った、お疲れさまという言葉が自然と出るような写真でした。キャプションも「9時間にわたる雪との戦いご苦労さん!!」と。この写真がきっかけでラッセル車など雪に挑む車両への興味がわき現在に至ります。この急行「大雪」、やがて特急「オホーツク」へと格上げとなりましたが、数年前に旭川〜網走間の昼行特急として「大雪」の名が復活するというニュースを見たとき、この写真を思い出し、とっても嬉しかったことを覚えています。

母方の祖母が東京・国立に住んでいて、夏休みに里帰りした際に東京駅で写真をずっと撮りにいってました。「さくら」からはじまり「みずほ」「あさかぜ」「はやぶさ」…暗くなるまで母に付き合ってもらって。やがてブルートレインデビューの日が訪れました。寝台急行「銀河」でした。大阪発、東京行き。母に添い寝する形でA寝台でした。小学生の添い寝は寝台料金不要でした。『ブルートレイン入門』のルポルタージュみたいにずっと起きてようと思ったのですが、京都までには寝てしまいました。目覚めたのは横浜を出たところ。複々線、いやそれ以上に線路が並走している！　初めて在来線での上京。とても感動したことを覚えています。東京駅に到着したあと、次々と東京に到着するブルートレインをお出迎えしてたくさん写真を撮りました。宇野からの寝台特急「瀬戸」が一番うまく撮れまして、翌年の年賀状にしましたね。どういうきっかけでこの「銀河旅」が実現したか記憶はもうありませんが、あまりにも私がずっとブルートレインの本を読んでいたのを気にして、乗せてくれたんだと思います。父も大阪駅まで見送りに来てくれました。東京駅で撮った写真に父に採点をしてもらった記憶があります。

やがて、新幹線網が発達し日本列島が線路でつながりました。「ゆうづる」が「北斗星」に生まれ変わり『ブルートレイン入門』に載っていないブルートレインが登場していました。同時に国鉄がＪＲになり、個性的な列車や、これまで見たことのない新型車などが登場してきました。またジョイフルトレインなど次世代スターの出現により、中学生・思春期の私の心は、そちらへ移っていきました。

当時は「いい旅チャレンジ２０，０００㎞」という日本のＪＲ線を乗りつぶすという企画や、「私の旅スタンプラリー」など、とにかく遠くに行きたいという気持ちが高くなり、「青春18きっぷ」などで安く旅をすることに命を懸けた思春期でした。時間がありまくった大学生時代は貴重なアルバイト代を周遊券などにつぎ込みました。節約旅行にとって、ブルートレインは高い列車となり敬遠するようになっていきました。おそらく社会人になって、お休みと給料がもらえることになったら、たくさん乗れるだろうと思ってました。

しかしそううまくはいきませんでした。

ホリプロに就職し、タレントのマネージャーになりとても充実した生活を送っていました。初めて暮らす東京はとても華やかで、関東の私鉄特急も魅力的。また新幹線にも仕事で乗ることができ、刺激的な毎日を送っていました。ふと我に返り、焦る出来事がありました。寝台特急「さくら」が寝台特急「はやぶさ」と併結される。ものすごく衝撃でした。すでに佐世保行きの「さくら」は廃止になっていましたが、まさか「はやぶさ」と⁉ いや、それだけじゃない、「はやぶさ」が熊本まで。これはかつての寝台特急「みずほ」じゃないかということはもちろん、14系と24系25形が連結されて運転される、ものすごい時代になったなと。それだけじゃない、国鉄の車両が減っている、このままではだめだ。これからの休みをすべてここに充てようと思いまして「はくつる」「日本海」、その「はやぶさ」にも乗りました。さらに追い打ちをかけるニュースが飛び込んできました。「さくら」の廃止…。どうしよう、あこがれの「さくら」がなくなる…。もう乗れないのか。それは嫌だ、でも会社もあるしどうしよう。

そこで思いついたのが「企画にする」ということでした。

「さよなら”さくら“寝台特急3000キロ 日本縦断の旅」。稚内から長崎まで0泊7日、寝台列車だけで旅をするという企画でしたが、見事に番組化に成功して、ホリプロのタレントをブッキングして、制作にも携わることとなりました。私もロケに同行し、「さくら」に乗ることができました。

こうして、「好き」を「企画」に落とし込み「仕事」とするエンターテイメントの基礎を学びました。今から考えると子どもの頃に読んだ『ブルートレイン入門』で培ってきた思いが形になったんだなと。これは趣味を仕事に持ち込んだ形になっていて、「公私混同」と批判されることもあります。これはいろんなところでお話ししていますが「公私混同は企画の泉」。「好きこそものの上手なれ」そのものだと思うのです。もちろん若手社員だった私に企画を提案させてくれたホリプロや、決めてくれた放送局のバックアップがあったからこそであることも忘れてはいけないことです。少年時代に『ブルートレイン入門』を手にした時には想像していなかったことですが、確実に現在の私の仕事の糧となっていて、買い与えてくれた両親に感謝しかありません。

そうこうしているうちに、また鉄道車両や鉄道路線が、この世を去っていきます。その車両たちを後世に残すべくいろいろ企画を考え、また単純に休暇で乗りに行きたいと思います。

他にも宮脇俊三『線路のない時刻表』では妄想鉄道の楽しさを、西村京太郎『雷鳥九号殺人事件〝幻の特急をみた〟』では車両転属の研究をするきっかけをもらいました。ほかにも本が私の鉄道趣味をより豊かなものにしてくれたことは間違いありません。

これからもたくさんの本と出合っていくことになると思います。どんな本と出合えるかとても楽しみです。

私の「忘れられない鉄道の本」

1　既述『**汽車のえほん　きかんしゃトーマス**』（ウィルバート・オードリー 作、桑原三郎、清水周裕 共訳、レジナルド・ドルビイ 絵　ポプラ社）　1973〜

2　既述『**ブルートレイン入門**』（増田浩三編　小学館）　1981

3　『**大阪の電車　京阪神の国電・私鉄**』（廣田尚敬　吉川文夫　山と渓谷社）　1980
特急や新快速などのスター列車だけでなく通勤電車やローカル路線もしっかりと取り上げて、それぞれのカッコよさをしっかりと学びました。

4　『**雷鳥九号殺人事件**』（西村京太郎　講談社）　2001
東海道本線で特急「ひばり」を見たという証言の真偽は？　国鉄の特急列車が走っていなかった奈良に、「くろしお」になる準備のため東北方面からやってきた485系が走ったことがあり、その目撃情報の真偽を友人と検証した記憶と重なりました。

5　『**カレチ**』（池田邦彦　講談社）　2009〜
何度読み返しても感動する作品。「鉄道ちゅうのは人をたすけるもんや」「道は必ずや開ける　自信を持て」等、名言がたくさん。ＥＦ30やキハ58など懐かしい車両が生き生きと走り、希少車ＥＦ58 36（通常のＥＦ58と側面の窓の数が違う）がさりげなく登場したり隅々まで見逃せない。

6　『**鉄子の旅**』（菊池直恵、横見浩彦　小学館）　2005〜
日本の駅、全駅下車した横見裕彦さんとの珍道中。何が起こるかわからないというテツの鉄道旅の本質をコミカルにポジティブに表現されていて、自分の鉄道趣味活動への安心感、励みになります。

7
『線路のない時刻表』（宮脇俊三　新潮社）　1986
宮脇さんの頭のなかでは智頭急行や北越急行開業のずっと前からそこを列車が走っていたのですね。国鉄非監修の時刻表が超リアル。真似してノートに書いていました。

8
『鉄道ファン』　特集：短絡線ミステリー　1997〜
ミステリーを読み解く快感。特に地下鉄の隠れた短絡線を視覚的に図面的に解説しています。見えないところを見せてくれる特集でした。やがて鉄道の持つミステリアスをテーマに自分が書籍を出すことになるのですが、それこそミステリー。

9
『小学館の学習百科図鑑31　特急列車』（小学館）　1981
背表紙がボロボロになるまで読み込んだ。出てくる特急列車の車両は185系踊り子を最後に引退してしまいましたが、その雄姿は今も私の中にいます。

10
『鉄道撮影　ハイテクニック&実戦ガイド』（弘済出版社）　1999
写真の失敗をなくしたい！　そう思って購入しました。流し撮りは、あらかじめ腰をひねっておくことが大切。その奥義、いまも忘れることはありません。

女子鉄アナウンサー　久野知美

私の存在に、大きな道標をくれた本

［インタビュー］

『ローカル線ひとり旅』（谷川一巳）２００４

『青春18きっぷで愉しむ鉄道の旅』（青春18きっぷ探検隊）２００４

『女子鉄』（女子鉄制作委員会 著、横見浩彦 監修）２００７

『ホリプロ鉄道オタクマネージャーの鉄ちゃん』（南田裕介）２００８

久野 知美　くの ともみ

大阪府寝屋川市出身。フリーアナウンサー・女子鉄。立命館大学卒業後、芸能事務所に所属し、アナウンサー、レポーター、タレント、フォトライターとして活躍するなか、“女子鉄アナウンサー”として人気を集める。テレビ朝日『タモリ倶楽部』、BS日テレ『友近・礼二の妄想トレイン』ほか鉄道関連の番組に多数出演。列車の車内放送も担当するなど幅広い活動を続けている。著述も多く、『東急電鉄とファン大研究読本』（カンゼン）が最新刊。

"女子鉄"という言葉

鉄道業界や鉄道趣味の世界で、女性が活躍し始めたのは、２０００年頃だろうか。今では、例えば鉄道旅行を楽しんでいる女性はもちろん、母子で電車の写真を撮ったり、運転士や車掌、駅員など、鉄道の現場で活躍する女性も少なくない。それ以前は、潜在的にいたかもしれないが、表向きにはほとんどが男性の世界だった。

こうした時代の変化のなか、現在、持ち前の明るさとバイタリティ、そして何より多彩な知識で鉄道の魅力を伝えているのが、フリーアナウンサーの久野知美さんだ。数々のテレビ番組やラジオ、イベント、執筆活動に加え、近年は東武東上線の「ＴＪライナー」や西武鉄道の００１系特急「ラビュー」の車内放送まで、鉄道関係を中心にとても幅広く仕事を手掛けている。そんな久野さん、いつも「女子鉄アナ」と呼ばれ、ご自身も自らのキャラクターを分かりやすく表現する言葉として、活用されている。そのためか、よく「女子鉄」という言葉の元祖と言うか、作り手のように呼ばれるのだが…。

「いえ、この言葉の元は本なんですよ。横見浩彦さんが監修されたその名も『女子鉄』という本です。この本はとても面白くて、女子目線で鉄道の楽しさが書かれていまして、私

も興味深く拝読しました。それまでは、女性の鉄道ファンを示す言葉の多くは〝鉄子〟とか〝鉄子ちゃん〟という言葉でしたけど、ちょっとマニアックな別世界の人っていう印象と受け止められるようで、それを解消したくて〝これだ！〟とピンときたことから積極的に使わせていただくようになりました。当時、山ガールとか釣りガールという言葉があって〝女子鉄〟は、それに似た優しい音の響きがありましたね」

…と、鉄道の本との関わりから語る久野さん。話す仕事ではあるけれど読書は大好きだそうで、忙しい身ではあるが、最低、月に一冊は読むことを心がけているそうだ。ただし、その本は鉄道に限らず。色々なジャンルを貪欲に手に取る。

鉄道旅の魅力がギュッと詰まった地元・京阪電鉄の通学

それでもやはり、鉄道は特別な存在。久野さんが鉄道好きになった生い立ちについて伺うと、ズバリ「京阪電鉄の影響」と言い切る。

「大阪府の寝屋川市で育ったのですが、ご存じのように、ここには京阪電鉄の寝屋川車庫がありります。家が近所だったので、幼い頃から〝あそこには色々なカラフルな電車がたくさん止まっているな〟という興味というか、認識がありました。これが原点かもしれません」

そんな身近な好奇心を車庫に向け始めていた少女がやがて成長して高校生に。高校の最寄り駅だった京阪電鉄宇治線の三室戸駅まで、香里園駅からの電車通学が始まった。つまり、自分の意思で、通学の往復で京阪電車に乗れる生活が始まったのだ。毎日乗る往復の電車内、これがとても刺激的だったという。

「まず、車窓が楽しかったんですね。家々に覆われた丘陵地の山並みとか、それを抜けると木津川を渡る大きな鉄橋あたりでパッと開けたりとか、次々と変化していきます。飽きることが無いんです。樟葉駅なんて、右と左で全く車窓が違うんですよ」

関西在住の方、特に京阪電鉄沿線にお住まいの方なら、きっと納得されるだろう。香里園駅からの車窓を追うと、観光客はおろか、通勤客でも見入ってしまうほど変化に富んでいる。ひらかたパーク、枚方の町並み、樟葉駅周辺の淀川の風景（しかも対岸に新幹線や阪急電車も見える）、八幡山ケーブルカー、木津川鉄橋、すぐに宇治川鉄橋、淀の車庫、京

通学で毎日往復した京阪電鉄香里園～三室戸間の車窓の変化は、通勤客でも楽しい。写真は枚方公園駅。1996.8.15

都競馬場…。香里園～三室戸間は距離にして29・3㎞、時間にして40分。この短い間にこれだけの多彩な車窓ポイントがある鉄道線は、国内を見渡しても少ないかもしれない。

ところが、電車通学の楽しみは車窓に留まらなかった。

「京阪は特急用と普通用で、車両の色が違っていますよね。この違いを見るだけでも興味深かったのですが…。香里園から中書島まで、急行も各駅停車もあまり時間が変わらなかったんです。だから、今日は急行で行こう、帰りは各駅停車で帰ろうとか、趣くままに電車を変えていきました。すると、乗る電車の車種が増えるし、車窓で見られる駅も増える。見えるものが何倍にも増えていくんです。すると色々な物に興味が出てきました。駅名や駅順は各駅停車の通学上で覚えて、今でも暗記していますよ、香里園、光善寺、枚方公園、枚方市、御殿山…」

何倍にも膨らんだ〝見えるもの〟に満ちた京阪電車での通学は多感な高校生の好奇心を刺激するには事欠かなかった。

「車両の端に書いている数字の意味は？」

高校生の多感な好奇心を受け止めた京阪電車には、他社には無い個性派の車両が揃っていた。ラッシュ時のみ5扉車に変わる5000系は、その一つ

「なんで成田山のお守りが飾ってあるの?」「トビラの前に座席がある車両はなぜ?(5000系のこと)」とか、観察ポイントとその奥にある意味や潜む物語を探求するようになったという。さらに、だんだんと行動範囲が広がると、ちょっと足を延ばして京都や大阪市内へ行く。その時には、特急に乗ったりする。

「キューサンゼン(旧3000系のこと)は、座席選びが悩ましかったですね、階上席にするか、階下席にするか、テレビカーでテレビを見るか。この楽しい悩みを、私は"鉄のトライアングル"と呼んでいました(笑)」

大学時代になると、「青春18きっぷ」に出合い、いよいよ関西を飛び出して鉄道で旅へ。様々な車窓や車両に刺激を受けるが、そこは久野さんのこと。人生の選択の場面でも鉄道旅への興味を生かしてゆく。

「当時は局アナを目指して、会社の就職試験で頻繁に大阪と東京を往復していました。もちろん、乗る列車は『ムーンライトながら』です。車内で就職試験用のエントリーシートを必死に書いたりしていました。他の人から見ると、まるで夜中に書くラブレターですよね(笑)」

2006(平成18)年3月、大学卒業と同時に地元・大阪の芸能事務所に所属。やがて

2008（平成20）年7月に上京し、ホリプロに移籍。アナウンサーやレポーターとして働くなか、マネージャーとして所属二年目から仕事仲間となるのが南田裕介さんだ。

「私がコスタリカに行った海外旅行のお土産話をしたんです。”貨物線を走る珍しい観光列車に乗れなかった、悔しかった“って。そうしたら…」

このちょっとコアな内容に、マネージャーをしていた南田さんは感づいた。「あなた、”仲間“なのね？」と…。

久野さんは、実は社会人になるまで「自分がレイルファン」という自覚は無かったという。その行動ぶりは、むしろ旅ファンと言ったほうがふさわしい。高校時代に湧き起こった人一倍の好奇心や目の前に起こっている物事への強い関心と探求心は、大小こそあれど、多くの人が経験している成長過程だし、久野さんは、その欲求を向ける先が、たまたま身近だった通学電車だったということにすぎない。その矛先が鉄道だっただけに、端から見るとその行動はレイルファンのそれであり、ゆえに「女子鉄アナ」の称号を頂戴することになるが、むしろ身近な鉄道を巧みに介在させて、成長の手段に生かしてきたとも思える。観察する力、感じる力、想像する力、目の前に起こっている事実を把握する力、そして、それらを自分なりに応用していく知識と工夫…。事実、鉄道以外の趣味がとても多いのも久野さんの大きな個性であることが、それを物語っている。むしろ、ここではそういった多感な高校生の感性を受け止めるだけの幅の広さと奥深さが、鉄道にあったということに注目してもいいかもしれない。

私の旅のスタイルを変えたこの本～私のパワースポットをくれた一冊

さて、そんな生い立ちを経た久野さんにとって、忘れられない本とは何だろうか？

「ちょうど大学四回生の頃に読んだ『ローカル線ひとり旅』と『青春18きっぷで楽しむ鉄道の旅』です。もう、これらの本で、私の旅のスタイルが大きく変わりましたね。前者には地方ローカル鉄道を旅するときの心得、後者には、前著で知り得たオトクきっぷ＝青春18きっぷの基礎的なことが分かりやすく紹介されていました。例えば青春18きっぷという切符だけれど、18歳以外の人も使えるとか、指定した一日ならどこでも乗れるとか、好きな駅で乗り降りできるとか、0時を過ぎて最初に止まる駅まで、でも大都市近郊区間は終電まで乗れるんだよ、とか、普通列車だけではなくて、快速も乗れるよ、とか…」

…と、これらは俗に言う〝18キッパー（青春18きっぷを中心に鉄道旅を楽しむ人）〟が最初に習う基本ルール。ところが、久野さんは、京阪電鉄の通学で鍛えた（？）持ち前の好奇心と探求心で、さらに深く追求する。

「赤券（コンピューター発券ではない、印刷された青春18きっぷのこと。文字が消えにくく、保存に適していると言われる）を手に入れる、途中下車するときは下車印をもらう、そうやって旅のルートの記録を作って、自分だけのお土産にする…」

京阪電車をあらゆる視点を広げて観察した高校時代のエピソードと重なってくる。こうしたちょっとした鉄道旅の技を、テクニックという言葉をもじって〝鉄ニック〟と親しみを込めて表現する久野さん。この本で体得した一番の〝鉄ニック〟は、なんと新宿～大宮間の旅だという。距離は27・4㎞、所要時間にしてわずか30分。人によっては通勤通学より短い区間であろう。これがなぜ旅に？

「昔、『ムーンライトえちご』という165系や485系の列車がありましたよね。確か、新宿から新潟県の村上までを結んでいた夜行列車です。あの列車に連結されたレディースカーに大宮まで乗る旅です」

大宮で降りて、それからどうするんですか？？

「帰りは気分で電車を選びます。埼京線とか、京浜東北線とか」

それは、なんのためですか？？？

「ちょっとした非日常感を味わうためです。お金と時間が無い時は、しばしばそんな鉄道旅をして気持ちをリセットしていました。私にとって、鉄道は一番身近な〝パワースポット〟なんです。疲れたり、悩んだりして、気分を一新したい、っていう時に、鉄道の旅が一番効く気がするんです。『ムーンライトえちご』のショートトリップは、この本で学んだ青春18きっぷの〝鉄ニック〟が色々と盛り込まれています」

　確かに、列車ならではの、夜行列車の旅情も味わえます…。

久野さんは、「鉄道は一番身近なパワースポット」と語る。その究極の“巡礼旅”は、仕事帰りのムーンライト号の旅だった。写真は「ムーンライトえちご」　新宿駅　1994.9.16

「そうですよね。きっとこれらの本と出合っていなかったら、鉄道が持つパワースポットの力を知らずに生きていたかもしれません」

　霊験あらたかな神社、ならぬ鉄道こそ、神宿る、命の源泉たるパワースポットだ。

「ただ、これらの本と前後して読んだ本も、理解度が深められたという点では忘れられないです。一つは、先ほど申し上げた横見浩彦さんの『女子鉄』。この本は、女性目線で鉄道の旅のノウハウが紹介されています。"鉄道だけじゃダメよ、温泉も行程に加えましょう"とか、これはどちらかというと初心者向けなのですが、私のようなハードタイプ（笑）への助言も面白く書かれています、同行者に嫌われないためのコツとか、鉄道愛の深度の調整をするノウハウとか。でも、むしろ私には、この本で印象が変わったというか、自信をいただきました。これからの時代、女性でも、何か鉄道の魅力を伝えられることができるかもしれないという、一つの可能性です。もう一つは、当時の担当マネージャー・南田裕介さんが書かれた『ホリプロ鉄道オタクマネージャーの鉄ちゃん』。この本は、それまで、青春18きっぷなどでいろいろ旅してきた鉄道の姿について、疑問に思っていた事の答え合わせをさせていただいた感じです。寝台特急に使っていた583系が通勤電車に改造された例がある、とか、車体に明記されている番号の意味とか、疑問に思っていたことを再認識し、楽しく学ばせてもらいました。この本で鉄道の知識を実感的に深められたからこそ、今の私がありますね。南田さんは、そんなこと狙っておられなかったと思いますけれど（笑）」

京阪電車で培った探求心を基礎に、今後もさらにスポットを当てていきたい

なるほど、自分ではレイルファンだと実感していなかったけど、好奇心のまま進んで実は気づかないまま、他の人より知識の深度が深くなっていたわけだ。

ところで、現在は読書とは対極に、五冊の著者でもある久野さん。書くということに対して、何か思いはあるのだろうか？

「もう、それは〝産みの苦しみ〟です（苦笑）。それまでは読者として、たくさん本を読んで楽しませていただきましたが、いざ書くとなると正反対。大変な労力で…。書かれる方は皆さん、そうだと思うのですが。でも、そのための取材は特に慎重に行います。普段はアナウンサーとして取材させていただくことが多いのですが、他の人は入れない所に、例えば鉄道の開通前の現場とか、入ることができるわけです。そんな時は、自分は読者の目であり、耳であり、鼻であるという意識を大事にします」

と話す久野さんの素顔には、アナウンサーらしいジャーナリスティックな一面が宿る。

さらに、

「あと、これはアナウンサーならではかもしれませんが、同じ言葉を使わないとか、言葉の選び方は慎重に進めますね。今らしいカジュアルな言葉も意識しながら、できるだけ事実をその通りに伝えられるように、と」

…では、そもそも、なぜ、アナウンサーになりたかったのだろうか？

「人が好きなんですね。人が持つ物語を追うとか。そして、人知れず輝いている『ひと、もの、こと』に、スポットライトを浴びてほしい。これを行うのがアナウンサーの仕事だと思います」

スポーツ実況をしていたあるベテランアナウンサーの言葉を思い出す。「実況は、競技者にスポットライトを照らす仕事だ」と。激しい時は激しく、穏やかな時は静かに、言葉という状況を意味する音に変えて、その情感をも込めながら事実を的確に伝えてゆく。

この話す仕事に関して、久野さんらしい実績が車内放送だ。東武鉄道の「TJライナー」、西武鉄道の観光列車「52席の至福」や特急「ラビュー」などの車内放送は、久野さんの声で案内されている。この録音で、アナウンサーっぽさを意識したのだろうか?

「はい、列車内はレール音とか、モーターの音とかが常に聞こえていますよね? あと、車内はシートや化粧板などの色形が違い、これも車内の雰囲気を作っています。こういった車内の環境はテレビやラジオには無い特徴ですので、そのなかで、どうやったら聞こえやすいか、合うかなどを考えて、列車ごとに変化をつけた話し方をしています。具体的には…」

おっと、これはここで訊くのを止めて、ぜひ実際に乗車して聴き比べてみるとしよう。

「通学で京阪に乗っていた高校の時、乗客の方を見ながら"みんな京阪が好きで、沿線に愛

「忘れられない鉄道の本」とともに、本の魅力を語る久野知美さん

着と誇りを持っているのが普通だ！“くらいに思っていました（笑）。それほど、自分がレイルファンという実感がありませんでした。でも、鉄道の魅力は一番身近な”人とモノとコトの出会い“の場であると思いますし、鉄道が持つ奥深さを本で高めて今の私があります。これからも、色々な物語に出合っていきたいと思います」

鉄道に乗ると、車窓とともに乗客を観察することも多いという久野さん。「これからどこへ行くのかな?」「どんな家族がいるのだろう?」「今、どんなことを思っているかな?」など、色々と観察しながら背景に潜む物語を想像するのが大好きなのだそうだ。事実のジャーナリズムと物語のロマンスの出会いの場が鉄道。京阪電鉄の通学で体得した探求心のスパイスをちょっと利かせた個性的な”久野イズム“で、これからも幅広く活躍していくことだろう。

私の「忘れられない鉄道の本」

1 既述『青春18きっぷで愉しむ鉄道の旅』（青春18きっぷ探検隊 小学館文庫） 2004

2 既述『ローカル線ひとり旅』（谷川一巳 光文社新書） 2004

3 既述『女子鉄』（女子鉄制作委員会 著、横見浩彦 監修 マーブルトロン） 2007

4 既述『ホリプロ鉄道オタクマネージャーの鉄ちゃん』（南田裕介 ゴマブックス） 2008

5 『笑う鉄道 関西私鉄読本』（中川家礼二責任編集 ヨシモトブックス） 2008
京阪愛にあふれた内容。関西が恋しい時によく読んでいます。中川家のお二人（剛さん&礼二さん）は守口の星！

まさかレギュラー番組含め、こんなに沢山の番組でご一緒できるようになるなんて。感慨深いです……！

6 『DREAM TRAIN 写真家が見た旅とカメラと夢の記憶』（中井精也 インプレスジャパン） 2012
車内で出会う乗客に夢を尋ねながら旅をする。多くの方の人生と夢を乗せて鉄道は走っているということを再認識しました。中井先生が切り取る、優しく暖かな皆さんの表情に感動しきりです。

7 『女子と鉄道』（酒井順子 光文社文庫） 2009
女性と鉄道を語る上で、欠かせないエッセイ。女性ならではの、ゆるりとした鉄旅と酒井さんらしい語り口が心地良い。ゴリゴリの〝男子鉄〟の皆さんは、ご自身の鉄旅と比較してみると面白いかも知れません！

8 『ぼくは「つばめ」のデザイナー 九州新幹線800系誕生物語』（水戸岡鋭治 講談社） 2004
〝鉄道とデザイン〟を語る上で、今やこの方なくしては語れない。名匠・水戸岡鋭治さんの〝イズム〟が詰まった一冊。

乗客自身が背筋を伸ばす、洗練された車両デザインや空間のこだわりにたくさん学ばせていただきました！

9

『ダイヤに輝く鉄おとめ』（矢野直美　ＪＴＢパブリッシング）　２０１０

女子鉄＆鉄子の大先輩・矢野直美さんが手がけられた、ＪＴＢ時刻表の好評連載を集約！　各鉄道会社で輝く女性社員さんをフィーチャーした女子鉄による、女子鉄のための本。働く女性としての、ロールモデルがいっぱい！

10

『出張ついでのローカル線』（野田隆　メディアファクトリー新書）　２０１１

”何気ない出張が、ご褒美に。“野田隆さんのポリシーやマル秘テクニックが満載の一冊。お陰様でより鉄道好きとして日々の出張が楽しみになり、行きと帰りのバリエーションを増やすことばかり考えてしまいます（笑）。

フリーアナウンサー 矢野吉彦

「今の常識は昔の非常識」を気づかせてくれた

『鉄道が変えた社寺参詣』平山昇　2012
『電鉄は聖地をめざす　都市と鉄道の日本近代史』鈴木勇一郎　2019

矢野 吉彦　やの よしひこ
1960（昭和35）年、東京都出身。フリーアナウンサー。早稲田大学卒業後、文化放送へ入社し、1989（昭和64）年よりフリーとして活動。スポーツの実況などで幅広く活躍するなか、中央競馬のレース実況で競馬ファンにはお馴染み。アナウンサーを志したきっかけは子どもの頃に聞いた東武鉄道の車内放送で、以後、鉄道への関心も持ち続けている。足で集めた多くの資料をもとに、知られざる鉄道と競馬の関係を明らかにした自著『競馬と鉄道～あの〝競馬場駅〟はこうしてできた』（2018年　交通新聞社）で、2018年度JRA賞馬事文化賞を受賞した。

これまでの人生で、「目からウロコ」を落としてもらった本は何冊あっただろう?

自分の過去を振り返ったとき、平山昇著『鉄道が変えた社寺参詣～初詣は鉄道とともに生まれ育った』（交通新聞社新書）は、間違いなくそのうちの一冊に数えられる。「目からウロコ」が落ちた際の衝撃の大きさで比べれば、これがナンバーワンだったと言ってもいい。

多くの日本人にとって、初詣はほぼ毎年必ず行っている恒例行事の一つ（だと思う）。当然ながら私も、ご先祖さまの代からずっと続けられてきたことだと、何の疑いもなく受け入れてきた。ところが本書は、サブタイトルにもあるように、それが明治時代に走り始めた鉄道によって生み出され、育まれてきたものだと断言している。初詣は、わずか百年あまりの歴史しか無い〝新しい伝統〟だったのだ。

本書は、これについて様々な資料をもとに解説している。以下はそこからの受け売り。日本の鉄道草創期に開業した路線のなかには、神社仏閣に参詣する人々の利用

初詣は毎年見られる習慣だが、鉄道が作ったという驚くべき事実。1990.1.4　原宿駅前の明治神宮

を期待して計画されたものが多くある。その先駆けが、川崎大師に通じる「大師電気軌道（現・京浜急行電鉄大師線）」。また、現在のJR成田線の一部、佐倉・成田・佐原間を開通させた「成田鉄道（当初の名称は下総鉄道）」の発起人総代には、当時の成田山新勝寺貫首が名を連ねていた。新勝寺が自ら鉄道開設に携わることで、参詣客の利便性向上とその増大を目指した証しだ。

社寺参詣客の輸送を主な目的に敷設された鉄道には、私にも思い当たるものがある。柴又帝釈天（経栄山題経寺）の門前と、「日本鉄道土浦線」（現・JR常磐線）の金町駅との間を結び、「大師電気軌道」と同じ1899（明治32）年に開業した「帝釈人車鉄道」だ。小学生の頃の私は、金町の隣の新宿《にいじゅく》に住んでいた。そこはかつて水戸街道の宿場町だったが、鉄道の駅を設けるにあたり、それができると町が衰退するとの理由で反対運動が起こったため、金町に駅を持っていかれてしまった、という話は、小学校の郷土史学習で得た豆知識。そして、「帝釈人車鉄道」の存在は、その一環で見学した新宿図書館併設の郷土資料室（当時）で知った。本書にも同鉄道は登場する。この路線は京成電鉄金町線柴又〜金町間として、開業から百二十年以上経った今も健在だ。

京成の利用者の方ならお気づきのはずだが、その駅や車中では、帝釈天のポスターをよく目にする。それは、帝釈天の縁日である「庚申の日」を知らせるもの。再び〝受け売り〟に戻ると、江戸時代（鉄道開業前）の人々が社寺に参詣するのは、こうした縁日などが中心だった。そのなかで、元日には氏神への参詣や恵方詣が行われていた。恵方詣とは、居住地から見てその年の恵方にあたる社寺に参詣すること。恵方は、家々に幸せをもたらす歳徳神（年神さま）がいるとされる方角だ。正月には、その神様を迎える行事が様々あるが、こちらから出向いてお参りするのが恵方詣。しかし、それを初詣と称することはなかった。

初詣という言葉が最初にこの世に現れたのは、１８８５（明治18）年の正月、東海道線の急行列車が川崎大師への参詣客を運ぶため、川崎駅に臨時停車するという新聞記事のなかだった。

前身は、参詣鉄道だった京成金町線
2022.12.21　金町駅

これらの事実を初めて知らされて、「へぇー」と思わない人はどれくらいいるだろう？　もちろん私は「へぇー」と思った。「目からウロコ」とはまさにこのことだった。

本書は、こうした初詣の真実に始まり、社寺と鉄道との関係や社寺参詣を巡る鉄道会社の競争などを事細かに記している。それもこれも「へぇー」と思わせることばかり。大晦日から元旦にかけての終夜運転がいつ、どの路線で始まったのか、という解説も興味深かった。昔の人にとって、大晦日は様々な支払いを一気に済ませなければならない年末総決算の日。ともすれば元旦まで大忙しで、年が明けた途端の初詣に出かけるヒマなどなかった。古典落語のなかにも、そういう時代の大晦日の様子をネタにした噺がいくつかある（『掛け取り』、『芝浜』など）。それを激変させたのが、鉄道による大晦日の終夜運転。初詣が普及するにつれ、お参りするなら年明けすぐのほうが御利益がある、と考える人たちが現れるのは自然な流れだろう。終夜運転はそんな人たちの欲求にマッチした。背景には、先に書いたような〝江戸時代的〟な生活サイクルが現代風に変化した（大晦日から元旦が決算で忙殺されずにすむようになった）ことがあったに違いない。

鉄道好きにとって、大晦日の終夜運転はなかなか魅力的だ。そのワケは、普段とは違う電車が走るから。私もその特別感を味わうため、深夜の初詣に出かけていた。葛飾の新宿から新小岩に引っ越してからのこと。最寄りの路線である総武快速線では、大晦日から元旦にかけて、新宿（これは当然、しんじゅく）〜成田間に臨時快速が運行された。ふだんの総武快速線上り電車は全て東京方面行だが、この臨電は錦糸町の先でいわゆる亘り線を通って総武緩行線に入り、秋葉原、新宿へ向かう。さらに、地下鉄銀座線では、神田〜草間、東武伊勢崎線では浅草〜草加間の区間運転が行われた。神田始発の浅草行や東武線の草加行といった電車には、この時以外にまず乗ることができない。そこで、新小岩から臨時快速で秋葉原、山手線で神田、銀座線で浅草、東武線で牛田、関屋から京成線で柴又というルートをたどり、浅草寺と帝釈天に参詣した。初詣が目的なのか鉄道乗車が目当てなのか、わからないではないか？　と言われれば、返す言葉はない。

話があらぬ方向に進んでしまった。本来の路線に戻ろう。本書によって大晦日の終夜運転の歴史を教えてもらったのも、「目からウロコ」の一つだ。そう言えば、年が明けてすぐの初詣が古くから行われていた〝当たり前のこと〟という思い込みは、テレビの『ゆく年くる年』で植え付けられたような気がする。番組内では、それが日本伝統行事であるかのように伝えられていたからだ。本書によると、明治・大正期の東京の寺院では、なんと除夜の鐘も、今ほど重要な行事とされてはいなかったという。それは江戸時代には盛んだったが、明治以降、時刻を知らせる時の鐘のほうが大事になり、なかには除夜の鐘をつかなくなったところもあったそうだ。

本書のおかげによる「目からウロコ」はまだまだある。阪神電鉄と西宮神社との間で繰り広げられた駆け引きに関する記述も勉強になった。そこでは、明治時代の旧暦から新暦への移行にまつわる、ほとんど知られていない真実も明らかにされている。ここでそれらを詳しく書くと、本書を読んでいない方の興趣を削いでしまうので控えておく。ただ、阪神電鉄というのはかなりの商売上手で、ひょっとしたらその魂が、甲子園球場の建設や阪神タイガースの経営にまで影響を及ぼしているのではないかと思った。

そんなこんなで、本書には豆知識や雑学といった言葉では片付けられないほどの内容が詰め込まれている。かなり大げさだが、「そもそも初詣とは」を学べる立派な教科書で、鉄道好きだけでなく全ての日本人に読んでほしい一冊、と言ってもいい。

実は、拙著『競馬と鉄道〜あの〝競馬場駅〟は、こうしてできた』（交通新聞社新書）の執筆にあたっても、本書からは多くのヒントを頂戴した。鉄道草創期の日本で、競馬の開催というのは超がつくほどのビッグイベントだった。何しろ、プロ野球やJリーグはもとより、甲子園の高校野球（創設当初は中等学校野球）も無かった時代。数千人規模とはいえ、競馬ほど多くの人々を集める催しは他に無かった。当時、一競馬場の年間開催日数は多くても八日程度だったが、それでもその日は、創業間もない鉄道会社にとって正月や縁日に匹敵するかき入れ時となった。そこで、沿線に競馬場を擁する鉄道会社では、あの手この手で競馬場来場者の誘致を図り、競合する鉄道会社の間では乗客の争奪戦も勃発した。それらを説明する際に、『鉄道が変えた社寺参詣』はとてもありがたい参考書だった。本書にはこの場を借りて感謝申し上げます。

そして、ここで一つ、反省もしておきたい。拙著のなかで、私は、プロ野球や高校野球開催時の阪神の臨時ダイヤは、明治時代に鳴尾競馬が行われた時の電車頻発を原点としている、と書いた。しかし、本書を参考にするなら、そのさらなる原点は、西宮神社の十日戎にあわせて実施された臨時電車の運転にあった。拙著にはこのことを書くべきだったと思う。

それはさておき、阪神が西宮神社の十日戎の参詣日にまで影響を及ぼしていたという記述にも驚かされた。先に書いた旧暦から新暦への移行が背景にあるのだが、これも本書を読んで初めて知った「目からウロコ」の事実。つくづく阪神電車は〝ただ者〟ではないと思う。

阪神電鉄は、日本で最初の都市間高速電車。現在も甲子園球場や西宮戎神社への乗客輸送には、様々なアイデアが生かされている

とにもかくにも、本書は多くの方々にお読みいただきたいオススメの歴史書だ。

そして、つい先日、これとあわせて読むとさらに知識が深まる一冊に出合った。鈴木勇一郎著『電鉄は聖地をめざす　都市と鉄道の日本近代史』（講談社選書メチエ）という本。これには、社寺参詣のために敷設された鉄道に加え、「葬式電車」に関する記述がある。今度はその〝受け売り〟を始める。明治時代以降に起きた都市部の急激な人口増加は、墓地の需要増とそれに相反する用地不足という深刻な問題を引き起こした。これに着目し、郊外に大規模な墓地を誘致して、そこと都市中心部とを結ぶ鉄道を敷設しようという発想が生まれた。その路線を、会葬者を乗せて走るのが〝葬式電車〟。これには海外に先例があり、『電鉄は聖地をめざす』にはチェコ・プラハで棺を乗せて走った「霊柩電車」の写真も紹介されている。

社寺参詣のための鉄道が全国各地でそれなりの成果を上げられたのは、初詣や縁日の参詣に訪れる人々を集められたから。とは言え、そういうかき入れ時はある程度限定される。ところが、「葬式電車」の需要は人々の営みが続く限り途切れることはない。安定した収入を確保したい鉄道会社にとって、都市中心部と墓地とを結ぶ路線に「葬式電車」を運行するというのは、かなり有効な方策と言えるだろう。

しかし日本では、実際に「葬式電車」が走ることはなかったそうだ。この本にはその理由も記されている。ぜひ『鉄道が変えた社寺参詣』とあわせてご一読いただきたい。

初詣に限らず、古くからの伝統や恒例と思われている物事が、実はつい最近、特に明治以降に始まった、ということは意外に多い。それが鉄道によって生み出されたものであれば、長くても百五十年ほどの歴史しか無いわけだ。別の鉄道書には、日本人が1分単位の時間を意識するようになったのは、ダイヤに基づく鉄道の運行が始まってから、というようなことが書かれていた。また、アメリカ合衆国の東部、中部、山岳部、太平洋に分かれる四つの標準時も、かつてはもっとバラバラだったものをそのままにしておくと、大陸横断鉄道の運行に重大な支障をきたしてしまうために定められたそうだ。それらを含め、鉄道が創り出した新たな習慣や規範はたくさんある。

「今の常識は、ほんの百年前の非常識」。これが当たり前と言われている物事の歴史の浅さに思いを致すことは、自分の生き方や価値観といったものを考える上で、とても重要な要素だと思う。本書は、私にそれを気づかせてくれた座右の書とも言える一冊だ。

私の「忘れられない鉄道の本」

1 **既述『鉄道が変えた社寺参詣』**（平山昇　交通新聞社新書）2012

2 **既述『電鉄は聖地をめざす　都市と鉄道の日本近代史』**（鈴木勇一郎　講談社選書メチエ）2019

3 **『世界旅行時刻表』**（二見書房）1971
1971（昭和46）年刊行の海外鉄道旅行ガイド。日露航路、シベリア横断鉄道から欧州全土の列車時刻表が網羅され、詳しい解説も添えられている。小学生の私は図書館から何度もこれを借り出し、"妄想旅行"を楽しんだ。

4 **『全國鐵道旅行繪圖』**（今尾恵介解説　けやき出版）2011
ページをめくると、昭和初期に鉄道沿線の名所を紹介するために作成された鳥瞰図が次々に現れる。貴重な歴史資料としても利用可能な一冊。いくつかの絵図に競馬場が沿線有数の名所として描かれているのにも惹かれた。

5 **『オリエント急行殺人事件』**（アガサ・クリスティ　各社）1934～
鉄道が舞台となった推理小説の名作。ただ、作中での車両はほとんど止まったままで、旅情を感じさせるところは少ない。全ての鉄道好きを楽しませる作品かどうかは微妙だ。

6
「阿房列車」シリーズ（内田百閒　各社）　1950〜
車輪とレールのつなぎ目が奏でる音を聞き、手元の時計でその間隔を測って列車の速度を推計する。そんなことをしながら鉄道旅行を楽しんでいた内田百閒は究極の乗り鉄。彼の時代に旅をしてみたくなった。

7
『闇を裂く道』（吉村昭　文藝春秋）　1987
東海道本線丹那トンネル工事の様子を描いたドキュメンタリー小説。それは、多くの犠牲を伴いながら、16年もの歳月をかけて行われた難工事だった。これを読めば、トンネル通過の際に心のなかで手を合わせたくなるはず。

8
『時刻表昭和史』（宮脇俊三　角川書店）　1980
ご存知、宮脇俊三の代表作の一つ。月並みな読後感かもしれないが、やはり1945（昭和20）年8月15日、終戦の日正午前後の米坂線の記述が最も印象に残っている。戦前と戦後にまたがって走る列車があったのだ。

9
『点と線』（松本清張　各社）　1958〜
数ある鉄道ミステリーのなかで、これほど有名な作品は他にあるだろうか？　改めて言うまでもなく、このジャンルの最高峰に君臨する一作だ。ところが今、本作品の時代背景を説明するのが難しくなった。由々しき問題。

10
『死の発送』（松本清張　カドカワノベルズ）　1982
『点と線』と同様、時刻表トリックを柱に据えた清張作品。昭和30年代中頃の東北線列車が多数登場するだけでなく、競馬（競走馬の鉄道輸送）を絡ませているので、私の10傑のなかから外すわけにはいかない。

交通技術ライター 川辺謙一

「答えは他面にある」。学究の真理を学んだ大切な二冊

『THE STORY OF THE TRAIN』イギリス国立鉄道博物館 1999年
『新幹線がなかったら』山之内秀一郎 2004年

川辺 謙一 かわべ けんいち
1970(昭和45)年、三重県出身。交通技術ライター。東北大学工学部卒、東北大学大学院工学研究科修了。化学メーカーの工場・研究所に勤務したのちにフリー。多数の技術系解説書を執筆しており、技術系出身の経歴と、絵や図を描く能力を生かして、特に高度な技術をわかりやすく翻訳・解説する本を多く上梓。主な近書に『図でわかる 電車入門』(2022年 交通新聞社)、『世界と日本の鉄道史』(2022年 技術評論社)。

本書をお読みの方は、きっと鉄道に関心がある方が多いでしょう。そしてそのような方のなかには、知識欲が旺盛で、鉄道に関する様々なことを知りつくしたいと考えておられる方もいるでしょう。

そのような方にとっての最終的なゴールは、「鉄道とは何か?」というシンプルな疑問に対する答えを見つけることではないでしょうか。それは「鉄道の本質」に迫る上での究極の終着点だからです。

実は私は、その答えを探し続けてきた一人です。交通のライターとして活動を続けながら、国内外で記された鉄道関連の書籍を読み、国内外の鉄道関連の博物館を巡り、鉄道関係者との情報交換を繰り返しながら、インターネットでは入手しにくい情報をかき集めて、その答えを探し求めてきました。

その結果得られた答えは、「鉄道は、本来の役割で言うと、人や物を運ぶ輸送機関の一つに過ぎないが、それ以外の多くの顔を持っている」ということでした。

本稿では、その「多くの顔」のすべてを説明することはできません。理由は単純で、書くべき情報が多過ぎて、規定の文字数に収まらないからです。

ただ、思い切ってざっくり説明すると、鉄道には次のような歴史があります。

鉄道は、陸上輸送に革命をもたらしたゆえに、投機の対象となり、国家統一や植民地支配の道具となり、戦争を陰で支え、移動をレジャーに変えるという、様々な目的に使われたのちに、いつしか鉄道そのものが趣味の対象になりました。

この事実を踏まえれば、鉄道が意外に「多くの顔」を持っていることがご理解いただけるのではないでしょうか。

答えに近づくための手段

私がこの答えにたどり付けたのは、読書や取材で得られた膨大な情報を整理した上で、次の二つを把握できたからだと考えています。

（A）世界の鉄道史の文脈
（B）日本の鉄道の立ち位置

（A）の「世界の鉄道史の文脈」は、世界全体における鉄道の歴史の「流れ」のことです。文章に「文脈」があるように、鉄道史にもそれに似たものが存在します。

（B）の「日本の鉄道の立ち位置」は、世界の鉄道における日本の鉄道の位置付けのことです。日本はどの国から鉄道技術を学んだのか。日本の鉄道の特殊性は何か。世界全体の鉄道から見た日本の鉄道の強みと弱みは何か。こうした情報を整理することで、日本の鉄道の真の立ち位置が見えてきます。

もし「日本の鉄道の立ち位置」が平面における「座標」とするならば、「世界の鉄道史の文脈」は平面に対して垂直に延びる時間軸に沿った「流れ」に相当します。このように、鉄道に関する情報を立体的な空間として把握できれば、「鉄道」の本質に近づくことができ、「鉄道とは何か?」という問いに対する答えに近づける。私はそう考えました。

実は、このような情報の整理は、大学などの研究機関にいる研究者の多くが日々行っていることと似ています。研究者は、自身が取り組む分野の全体像を把握するため、英語で書かれた国際論文を多数読み、世界全体における研究の「流れ」と自分自身の「立ち位置」を確認しています。それをしていないと、研究者が競い合うレースで勝てないからです。

かくいう私は、この手法を大学や大学院で学び、メーカーの技術者の一人として製品開発のレースに参加していた経験があります。だから独立してフリーランスのライターになった時は、この手法を応用して、国内外から多くの情報を入手して整理して「鉄道の本質」

に迫ろうとしてきました。

私が選ぶ十冊

前置きが長くなりましたが、私は先ほど述べた「世界の鉄道史の文脈」と「日本の鉄道の立ち位置」を把握するために、多くの本を読んできました。

今回は、そのなかでも役立った本を十冊厳選してご紹介します。これらはすべて私に大きな影響を与えてくれた書籍です。

①『THE STORY OF THE TRAIN（列車の物語）』イギリス国立鉄道博物館、１９９９年

②Andrew Emmerson『The Underground Pioneer（地下鉄の開拓者）』Capital Transport Publishing、２０００年

③クリスティアン・ウォルマー著／安原和見・須川綾子訳『世界鉄道史―血と鉄と金の世界変革―』河出書房新社、２０１２年

④クリスティアン・ウォルマー著／平岡緑訳『鉄道と戦争の世界史』中央公論新社、２０１３年

⑤フランコ・タネル著／黒田眞知・田中敦・岩田斎肇訳『ヴィジュアル歴史図鑑・世界の

鉄道』河出書房新社、２０１４年
⑥山之内秀一郎著『新幹線がなかったら』朝日新聞社、２００４年
⑦星晃著『回想の旅客車（上巻・下巻）』学研パブリッシング、２００８年
⑧久保田博著『日本の鉄道史セミナー』グランプリ出版、２００５年
⑨小野田滋著『東京鉄道遺産―「鉄道技術の歴史」をめぐる」―』講談社、２０１３年
⑩『東海道新幹線工事誌（土木編）』日本国有鉄道新幹線支社、１９６５年

海外で出版された書籍

このうち、①～⑤は海外で出版された本であり、「世界の鉄道史の文脈」を把握するうえで大いに役立ちました。①②は英語で書かれた本であり、③④⑤は英語の原著を和訳した本です。

①の『THE STORY OF THE TRAIN』は、世界最大の鉄道博物館であるイギリス国立鉄道博物館が発行した書籍です。本文ページはすべてフルカラーで、写真やイラストが満載。蒸気機関車の誕生から現在に至るまでの鉄道の歴史や人間との関わりが、54ページという少ないページ数に凝縮されています。また、英語の文章を読まなくても何が書かれている

か大まかにわかる構成になっています。

②の『The Underground Pioneer』は、ロンドンで誕生した世界最初の地下鉄に関する図録集です。本書の図版はすべてモノクロのイラストで、写真は一枚も掲載されていません。ただし、掲載されたイラスト（ペン画または銅版画）は極めて細密で、眺めるだけで地下鉄が造られた背景や、工事現場の様子、そして開業後の様子がわかるようになっています。私がかつて抱いていた「なぜ人間は大都市の地下にトンネルを造り、列車を走らせようとしたのか」という疑問に対して、本書はすべて教えてくれたように感じました。

③の『世界鉄道史』は、イギリスで出版された『BLOOD, IRON&GOLD（血と鉄と金）』を和訳した書籍です。本書の著者であるウォルマー氏は、イギリスで著名な鉄道歴史家であり、鉄道史に関する書籍を多数出版している人物で、書籍の帯には「世界で最も有名な鉄道研究家」と記されています。本書の大きな特徴は、鉄道という輸送機関が、世界を大きく変えた壮大な歴史を一冊にまとめた点です。私はこれを読んで、営業鉄道の誕生から現在に至るまでの世界の鉄道史の「文脈」を把握することができました。

④の『鉄道と戦争の世界史』は、③と同じウォルマー氏の著書です。これは、その名の通り鉄道と戦争の関係をまとめた歴史書であり、鉄道がいかに戦争の勝敗に寄与したかが

記されています。日本では、鉄道が「兵器」となり、軍需輸送に多用され、時に空爆の標的になったという歴史はあまり知られていませんが、本書にはそのような鉄道が持つネガティブな面がしっかりと記されています。

⑤の『ヴィジュアル歴史図鑑・世界の鉄道』は、イギリスで出版された『TRAINS : From Steam Locomotive to High-speed Rail（列車：蒸気機関車から高速鉄道まで）』を和訳した書籍です。本書の大きな特徴は、文章が中心の③と違い、全ページがフルカラーで、貴重な写真が４００点以上載っており、ざっと眺めるだけでも世界の鉄道史の「文脈」をおおまかに把握できるようになっている点です。本書を読んでから③の『世界鉄道史』を読むと、「文脈」に対する理解がより深まります。

なお、④⑤では、新幹線の誕生によって高速鉄道が世界の多くの国々に広がったことは記されているものの、日本の鉄道の話はあまり記されていません。そのことからも、「日本の鉄道の立ち位置」を知ることができます。

日本で出版された書籍

一方、⑥～⑩は日本で出版された本です。これらは「日本の鉄道の立ち位置」だけでなく「日本の鉄道史の文脈」を知る上で大いに役立ちました。これらの本の著者は全て鉄道技術者であり、国鉄やJRグループ、鉄道総合技術研究所（鉄道総研）に属している（属していた）方々です。

⑥の『新幹線がなかったら』は、JR東日本の副社長・会長・顧問を歴任した山之内氏が記した書籍です。これは、著者と鉄道の関わりを記した事実上の自伝であり、タイトルに対する答えはほんの一部にしか書いてありません。ただ、新幹線が他国で構築された鉄道技術を寄せ集めたシステムであることや、国鉄時代における荒廃した鉄道現場の様子など、それまで鉄道関係者が避けて語ろうとしなかった内容が克明に記されている、貴重な資料だと私は感じました。

⑦の『回想の旅客車（上巻・下巻）』は、国鉄の副技師長を務めた星氏が執筆した書籍です。車両設計者だった時代に、海外の鉄道を視察した経験を活かして、日本の社会のニーズにあわせて旅客車の設計をした過程がくわしく記してあります。

⑧の『日本の鉄道史セミナー』は、国鉄の小倉工場長などを務めた久保田氏の書籍で、日本の鉄道史が「技術」の視点で記されています。「日本の鉄道史の文脈」を知るのに大いに役立ちました。

⑨の『東京鉄道遺産』は、現在鉄道総研に所属されている小野田氏の書籍で、東京で都市鉄道や東京駅などの施設が建設された経緯が土木技術者の視点で記されています。私は本書を読んでからドイツのベルリンに行き、東京駅近辺の高架橋のモデルになった高架橋を現地で見てきました。

⑩の『東海道新幹線工事誌（土木編）』は、その名の通り東海道新幹線の建設記録であり、総延長515キロの鉄道をわずか五年余りで造るために、工事の当事者がどのような苦労をしたかを示す生々しい記述が所々にある興味深い本です。特に用地買収について記したページには、住民との交渉に追われた国鉄職員たちの心情が赤裸々に記されており、当事者の苦労が偲ばれます。

究極の答えが書かれた本

以上紹介した十冊のなかで、私が特に影響を受けたのは次の二冊です。

- ①『THE STORY OF THE TRAIN』
- ⑥『新幹線がなかったら』

①の『THE STORY OF THE TRAIN』との出会いは運命的であり、衝撃的でした。
私は2006（平成18）年にイギリスのヨークにある国立鉄道博物館を訪れ、館内の売店でこの書籍を購入しました。表紙はモノクロで地味でしたが、本文はオールカラーで、写真やイラストが多く、興味をそそる内容だったので、「今これを買わないと後悔する」と直感し、レジに向かいました。

この書籍のクオリティの高さに気づいたのは、この後です。博物館の最寄り駅であるヨーク駅から、ロンドンに向かう特急列車（インターシティ）に乗り、座席に座って一息ついたときです。博物館のロゴマークが入ったビニールのバッグから何げなくこの書籍を取り出し、表紙をめくりました。

その一ページ目の前書きを見て、私は驚き、ゾクゾクしました。

文章の始まりに大きな字で「What is a railway?（鉄道とは何か?）」と書いてあったのです。その後は小さな字で鉄道は人類にとって輸送機関の域を超えた存在であり、この鉄道博物館の展示物をそれぞれ観察することで、鉄道の背景にある物語が見えてくると記されていたのです。

そう、冒頭で紹介した「鉄道とは何か?」という問いに対する答えが、イギリスで出合った書籍に、すでにダイレクトに、しかも簡潔に書かれていたのです。

私はこれを見て、自分が鉄道の本質をまるでつかめていなかったことに気づき、大きなショックを受けました。また、「あなたが見ていたのは『鉄道』ではなく、それを通して見た日本固有の『何か』ではありませんか?」と誰かに問いかけられた気がしました。

さらに、大学・大学院時代に研究室の恩師や先輩から言われた言葉を思い出しました。実は私は元技術者で、大学・大学院時代で工学を学んだ時に、次のようなことを繰り返し言われてきました。

「面倒臭いからといって日本語の論文ばかり読むな。英語で書かれた国際論文をできるだけたくさん読め。そうしたら何かが見えてくる」

「日本語の資料は、日本にとって都合のよいことしか書いてない場合が多く、世界全体における位置付けが無視されていることがあるから気をつけろ」

「日本では誰もやっていないことでも、海外ではたいていそれを先にやっている人がいるんだよ」

これは、鉄道の本に関しても言えることでした。

『THE STORY OF THE TRAIN』に出合ってから、新たな目標ができました。できるだけ海外の鉄道関連の資料に目を通し、海外の鉄道博物館を訪れ、鉄道の国際会議や展示会に行く。そして冒頭で紹介した「世界の鉄道史の文脈」や「日本の鉄道の立ち位置」を把握し、それを書籍にまとめ、『THE STORY OF THE TRAIN』のクオリティに一歩でも近づく。それが私の目標となったのです。

私は、仕事場の書棚の見やすい位置に『THE STORY OF THE TRAIN』を置き、たびたび見返しています。それぐらい、本書は私にとっては「忘れられない鉄道の本」であり、「目標としている本」なのです。

「日本の鉄道の立ち位置」を知る

一方、⑥の『新幹線がなかったら』は、世界の鉄道における「日本の鉄道の立ち位置」を知る上で得るものが多い本でした。著者の山之内氏は、本書のなかで、日本の鉄道と海外の鉄道を繰り返し比較し、日本の鉄道の特殊性を記しています。

その背景には、山之内氏の経歴と大きな関係があります。先ほど紹介したように、山之内氏は、ＪＲ東日本の副社長・会長・顧問を歴任しており、鉄道会社の経営に精通した鉄道技術者です。その一方で、パリに本部がある国際鉄道連合（ＵＩＣ）の副会長を務めた経験も持っており、海外の鉄道事情にも精通した人物でもあります。

つまり、山之内氏は、日本の鉄道と海外の鉄道の両方をよく知る人物なのです。国鉄やJRグループが、今ほど海外と接点を持つことがなかった時代においては、かなりめずらしい存在です。

そのためか、本書では、海外の鉄道と比較しながら、日本の鉄道のポジティブな面とネガティブな面の両方が具体的に記されています。また、海外の鉄道技術者から日本の新幹線について皮肉を言われたとか、新幹線は海外で確立された鉄道技術を日本流にアレンジしてシステムとして構築したものであり、技術的な新規性がほとんどないなど、これまで国鉄やJRの技術者たちがほとんど語って来なかったネガティブな側面も記されているのです。

私はこの内容がすぐに腑に落ちました。つまり、「日本の新幹線は世界一」とか「日本の鉄道技術が世界的に優れている」といったマスメディアが伝えがちな一般論には明確な根拠がなく、私が現役の鉄道技術者たちからたびたび聞いていたネガティブな情報のほうが真の実情に近いことが改めて認識できたのです。

これは、私にとって大きな収穫でした。

私は、本書を二冊持っています。一冊は、あちこちに棒線を引き、折り目や付箋をつけたので、ボロボロになっています。もう一冊は背表紙付近を裁断して分解し、電子化することで、キーワード検索をできるようにしています。

それぐらい本書は、私にとって「忘れられない本」であり、日本の鉄道技術に対する認識を確固たるものにしてくれた本なのです。

たくさんの付箋で目印を付けている一冊目の『新幹線がなかったら』

3章

青春時代の出合い

「あなたにとって、忘れられない本は?」という質問に、中高生の時に読んだ本を挙げる人は多いものです。何しろ多感な時期、貪欲に知識を吸収していく頃ですから当然ですが、大人になっても大きな影響を受け続けているという人が、これもまた多い…。最近、読んだ本は忘れたけど、中学生の頃に読んだ本は未だに忘れられない…、そんな経験をお持ちの方も、おられるのではないでしょうか。当章では、そんな青春時代に読んだ本のなかで、鉄道の本が忘れられないというエピソードを開陳してもらいます。もしかすると、その方のルーツが見えてくるかもしれません。

元プロ野球選手 **屋鋪 要**

［インタビュー］

一冊の写真集が、私のセカンドライフを作ってくれた

『魅惑の蒸気機関車』廣田尚敬　1971

屋鋪 要　やしき かなめ

1959（昭和34）年6月11日生まれ。三田学園高校卒業後、1977（昭和52）年のドラフト6位指名で、当時の大洋ホエールズに入団。以降、横浜大洋ホエールズ、読売巨人軍で俊足・強肩の外野手として活躍。ホエールズ時代の1986（昭和61）年から3年連続で盗塁王のタイトルを獲得し、高木豊選手、加藤博一選手と屋鋪選手の3人が1～3番の打順に並ぶ「スーパーカートリオ」も一世を風靡した。1984（昭和59）年から5年連続ゴールデングラブ賞を受賞。現役引退後は、子どもの頃から好きだった鉄道趣味を再開。今は鉄道趣味人としても様々なメディアに登場している。

野球人と鉄道趣味

プロ野球選手と言えば、「男の子がなりたい職業」アンケートに常に上位にランクインされる憧れの存在。しかし、その実はとても厳しい世界だ。だいたい、高校野球の甲子園大会に出場する選手だけでも、全国の球児のほんの一握りの〝勝ち組〟だし、ましてやプロ野球、さらにその主力選手ともなると、まさに雲の上の存在。実力だけではなれないと言っていい。

屋鋪要と聞けば、1980年代のプロ野球を見た者にとっては「あぁ、横浜の3番打者」と思い出せるほど、当時の横浜大洋ホエールズのレギュラー選手。その屋鋪さん、プロ野球選手引退後の今、時々鉄道趣味の世界に顔を見せている。実は、子どもの頃から大の蒸気機関車のファンだったそうで、撮影や模型などを自ら勤しみ、その造詣の深さに驚かされるほど。しかも、その姿、テレビを通じて見ていた屋鋪選手の鋭敏な表情とは違い、いつも楽しそうなのだ。

その劇的とも思える転身ぶりのウラには、一冊の写真集との出合いがあったそうだが、憧れのプロ野球選手、屋鋪さんの生きざまから　伺ってみよう。

そもそも、プロ野球選手と鉄道趣味とは、あまり接点が無いようにも思えるのだが、野球人としての時間はどのように過ごしていたのだろうか。

「ええ、もうプロ野球選手の時代、鉄道の趣味なんて全く話にも出ません。話しても通じる人がいません、そんな感じでした。それは中学野球の時代から同じです。野球をやっている時は、鉄道の趣味からは全く離れていました」

それでは、いつ、どのようにして鉄道に興味を持ったのだろうか。

「私が鉄道に興味を持ち始めたのは12歳の頃です。何かのきっかけで廣田尚敬さんの写真集を見まして、素晴らしいな、こんな写真が撮れるんだ、自分も撮ってみたいなと思いました。『魅惑の蒸気機関車』という写真集で、今でも大切に持っています。木の間からC62形のデフレクターに付いた燕のマークを流し撮りした写真が強い印象に残り、子どもながらに真似をして写真を撮ったことを憶えています。私の父も写真を撮るのが好きで、その頃にはカメラを何台か持っていましたから、それを借りて出かけたのですね。やがて、父と一緒に出掛けるようにもなりました。趣味が写真とは言っても、それまでは家族写真を撮る程度でしたから、これは大きな変化です」

一冊の写真集から始まった鉄道趣味との出合いを、屋鋪さんはそう語る。当初、父は鉄道写真に興味が無かったそうで、むしろ息子である屋鋪さんが父親を鉄道写真の世界へ誘ったことになる。

「父と一緒に出掛けたのが関西本線の『加太越え』でした。この時は雨が降っていて、一番の撮影ポイントである中在家信号場まで行けなかったことを憶えています。それから1971（昭和46）年に北海道にも行きました。まだ北海道には蒸機がたくさん残っていました。蒸機が無ければ、北海道に行くことはなかったと思います。函館本線、室蘭本線で、D51形、C57形、函館本線のC62形重連が牽く急行『ニセコ』…。あの頃、伯備線布原信号場も撮影ポイントとして有名になっていましたけれど、私は一度も行くことができませんでした。ところが、父は十回くらい行ったようです。父は元々、鉄道写真の撮影という趣味は無く、あくまでも私の影響を受けて鉄道を撮るようになったのだから、面白い巡り合わせですよね（笑）。もちろん、北海道への旅行は父親の提案でしたし、子どもには高い鉄道の月刊誌を購入して、最新の情報を仕入れてくれたのも父親です」

なんとも楽しそうな、そして羨ましい父との撮影行や撮影談義の様子が目に浮かぶ。男の子というのは、子どもの頃、父と二人だけでやった〝何か〟というのは、いつまでも忘れないものである。

「1972（昭和47）年に兵庫県の三田学園付属中学校に入学するのですが、いよいよ野球

中心の生活になって、そこで一度鉄道の趣味からは離れましたね。その時代には、福知山線でＤＤ54形であるとか、特急『まつかぜ』が走っていて、福知山線では武田尾の風景が思い出として残っています。蒸気機関車ではありません」

１９７２（昭和47）年と言えば、日本の鉄道の世界では、そろそろ「ＳＬブーム」に火が点き、雑誌、テレビなどで、消えゆく蒸気機関車と、それを追う人の姿が紹介されるようになっていた時代だった。屋鋪さんの地元である福知山線は、１９６８（昭和43）年から翌年にかけて無煙化が完了している。各地に残り、最後の活躍を続けていた蒸気機関車を駆逐する〟仇役〟となっていたのが気動車やディーゼル機関車だった。

そんな中学、高校時代はもう、野球漬けの日々。私たちの目の前に見るのは、プロ野球横浜大洋ホエールズの屋鋪要という憧れのプロ野球選手の姿しかない。ただその頃、例えばファン向けの選手紹介の雑誌などでは、プラモデル作りが趣味と紹介されることがあって、入念な仕上げが施された作品が載ったこともあった。当時、野球選手の趣味としては少し珍しい印象があったが、そんな父との楽しい少年時代の思い出を教えていただくと、なるほどと通じるものがある。

保存蒸機の撮影は、父の思い出を辿る旅

「2005（平成17）年限りでコーチの仕事からも退いて、その翌年からですね、再び蒸気機関車を追うようになったのは。静態保存の蒸機を精力的に撮るようになりました」

屋鋪さんの鉄道趣味スタイルの一つに「保存蒸機の撮影」が知られるが、原点はプロ野球を引退したこの頃に遡る。2006（平成18）年から始められた保存蒸機の撮影は、屋鋪さんのライフワークの一つともなった。動態、静態保存を合わせ、国内に残る全601両の保存蒸気機関車の撮影を2013（平成25）年に完了させるまでの完璧さである。そのきっかけは…。

「最初に再会したのがC57 135号機で、2006（平成18）年4月に、場所は、まだ東京の神田須田町にあった交通博物館です。ご存知のように、この機関車は蒸気機関車として最後に旅客列車を牽いた機関車なのですが、国鉄の全ての蒸気機関車が現役から退いた1975（昭和50）年という年は、すでに野球中心の生活をしていましたので、蒸気機関車が全廃になったことも知らずにいましたから、この再会は、当時の穴を埋めるような気持ちもあって、感慨深かったですね。それ以後、野球選手、コーチを退いても、ありがたいことに野球教室などに呼んでいただき、全国を巡る機会をいただきました。そこで、地

方へ行った時にはできるだけ時間を取って、その地方で保存されている蒸気機関車を撮りに足を延ばしていったんです。すると…」

するると、ある存在が思い浮かんだという。

「父の姿ですね。きっと父がカメラを持って撮影していたに違いない蒸気機関車が、まだ日本国中にたくさん残っていることを知ったんです。これで、ますます撮影意欲が湧いてきました」

蒸気機関車を追うことは、父との思い出を辿ることでもあった。そのライフワークは、とても熱心すぎるくらいにも思えるが、そこには野球人・屋鋪さんならではの生い立ちが見え隠れする。

「父は、58歳という若さで亡くなってしまいました。しかも私の場合、中学1年生から野球中心の生活でしたから、子どもの頃に父と一緒に出かけた北海道への撮影旅行が、今も私の大切な思い出なんです。保存機の撮影は、父の足跡を辿る気持ちがあったの

父と行った1971（昭和46）年の北海道旅行は、今でも忘れられないという屋鋪さん。ちょうどその頃、北海道にはSL撮影を目的に多くの人が渡道した。函館本線のC62三重連　函館本線小沢～倶知安　1971.7.18

だと思います」

知らぬ間に全廃していた蒸気機関車と早世した父。ともに失ったものには、どこか偉大さ、力強さ、逞しさといった強壮なイメージが重なっているようにも思える。

このほか、もしかすると、時代という、ちょっとした巡り合わせもあるかもしれない。というのも、屋鋪さんと同世代のレイルファンは、蒸気機関車という被写体を追うにはちょっと"微妙な"年代であった。現役で働く国鉄蒸気機関車の姿を見ることはできたが、まだ幼く、自身の自由度は高くはなかった世代だからだ。"もう○年早く生まれていれば"という願望は、レイルファンがよく口にするが、屋鋪さんも同じだった。

「例えば、東海道本線を疾走していた客車時代の特急『つばめ』や『はと』などを撮影してみたかったですね」

屋鋪さんが、引退後に力を入れた保存蒸機の撮影。SL全廃から半世紀が立ち、その保存状態に大きく差が出る時代になってきた。小海線清里駅前に保存されているC56 149は、屋根で保護されて状態がいい

屋鋪さんの場合、そこに父という大きな存在感が重なってくる。まるで、蒸気機関車の写真集は、その象徴であるかのようである。野球に専心した青春時代ですらこの写真集だけは大切に持っていたのだから。現役生活を全うしてプロ野球を引退し、ようやく温存していた写真集と向き合うのは、まるで、タイムカプセルを開けるかのようだ。

そして、いよいよその撮影者本人と出会うことになる。その時のエピソードは、まるで子どもの頃の忘れ物を取りに返るかのようで、純粋である。

「廣田さんの写真集は五十年以上、大切に持ち続けていましたので、初めて実際に廣田さんにお会いした時、写真集にサインをしていただきました。まるで夢のようでした」

と笑顔になる屋鋪さん。それはまるで子どもの頃、プロ野球選手にサインをもらった時と同じ。あの時代、もし横浜大洋ホエールズ屋鋪選手のサインをもらえたら、夢心地だった。

「いやいや、私とは物が違いますよ（笑）。廣田さんは、私たちのような素人カメラマンにとっては神様のような存在です」

どういうところに魅了されるのだろうか？

「多くの写真家は、編成の全体を一枚の写真のなかに収める傾向がありますが、廣田さんは走行中の動輪を線路ぎわで撮影したり、C62 2号機の、デフの〝燕〟のエンブレムを、木

立の間から出た瞬間を狙ったりします。当時、そんな感性は廣田さんの写真にしか無かったように思います。ですから、他の写真家の方とは一線を画す存在と思っていました。廣田さんの写真は芸術品だと思います」

これからも、充実のセカンドライフを送るための鉄道趣味

長い一生のなかで、一途に一つの道を辿る人もいれば、色々な領域に触れながら生きていく人もいる。それは人それぞれだ。しかし、年齢だけは平等に、全ての人に否応なしに積み重なってゆく。そのなかで、もがかざるをえないことも、往々にしてある。

憧れの職業・プロ野球選手は、その年齢がダイレクトに関わってくる職業の一つだろう。現役でいられる時間は、会社員などとは比べものにならないほど短い。しかし、今や「人生100年時代」と言われる現在、会社員ですら、定年後の第二の人生をいかに過ごすかが大きなテーマになっている。セカンドライフと言えば聞こえはいいが、悩む人も多いのもまた現実であろう。

屋鋪さんは、現役引退後もプロ野球の世界でコーチを務め、いよいよ球界を退いてからもアマチュア野球の指導を続けてきた。野球人としてとても長く務められた方だし、その

後も鉄道趣味を一つのライフワークにして、とても輝いているように見える。つまり、ある意味、成功者であるようにも思える。そんな元プロ野球選手だった屋鋪さんにとって、セカンドライフというものをどのように捉えているのだろうか。

「野球選手というのは、実は短いんですね。引退後の人生の方がずっと長いのです。ですから、セカンドライフは生きていく上でとても重要な時間になります」

まさにその通りだ。時間軸にした場合、10～30歳の二十年間をそのままセカンドライフ、例えば65～85歳に移してみると、その〝濃度〟には大きな違いがあることに気づくだろう。だからこそ、セカンドライフをどう生きるかが大切になってくる。特に、プロ野球選手は、その現実と、会社員以上に早く直面する世界だ。屋鋪さんは、どのように考えてこられたのだろうか。

「私は野球中心で生活してきましたから、引退後も野球の仕事をさせていただけたことに、とても感謝しています。でも、プロ野球人生を終えて、どんな仕事に就いても、とにかく一所懸命に取り組むことは肝に銘じてきました。振り返ると、これに尽きると思います」

では仕事以外では？

「人それぞれの趣味を楽しみながら、自分の生き方をしていくのがいいと思いますね」

九人の競技でも、グラウンドでは一人だ。選手それぞれが、自分の判断でプレーすることが、高みにいくほど求められる。プロ野球まで上り詰めた屋鋪さんの生き方は、セカンドライフも、達観したプロフェッショナルのようだった。

プロ野球選手、指導者を経て、趣味とともにセカンドライフを送る屋鋪さん

鉄道ライター 土屋武之

王道の二冊に導かれた青春時代

『時刻表2万キロ』宮脇俊三　1978
『鉄道旅行術』改訂6版 種村直樹　1979

土屋 武之　つちや たけゆき
1965（昭和40）年、大阪府出身。鉄道ライター。大阪大学文学部美学科演劇学専攻卒業。大学時代は劇作家・評論家の山崎正和に師事。卒業後、ぴあ株式会社に入社。1992（平成4）年同社退社後、兵庫県立ピッコロ劇団の立ち上げに関わる。1997（平成9）年よりフリーライターとして活動を開始。鉄道雑誌などに多数執筆。主な著書に『きっぷのルールハンドブック増補改訂版』（2020年　実業之日本社）、『旅は途中下車から』（2020年交通新聞社）ほか。

阪急池田駅前の書店での出合い

選んだ十冊を私が出合った順番に並べてみると、可笑しい話なのだが、やはり軽妙洒脱な文章が大好きで物書きとしても目指しているところだし、また一方で、自らの蒙を啓いてくださった本を大切な思い出としていつまでも抱えているのだなと、自分自身で感じてしまう。大学で文化論、芸術論をなまじかじっただけに、垢抜けた〝洒落（しゃらく）な〟世界を、いまだに遠く離れたところから見上げているようなところがある。

その意味で宮脇俊三との出会いは、今にして思えば私の人生の転機だった。処女作『時刻表2万キロ』の初版の刊行は1978（昭和53）年7月。手元にあるのは同年9月の7版。これだけのペースで版を重ねていると、売れ行きがよくわかる。私が中学1年生の時だ。

池田市の耕文堂書店は、かつては大都市郊外によくあった中小規模の書店で、いくつかの支店のうち阪急池田駅前の店は、この年から電車通学を始めた私にとっては格好のたまり場。学校帰りには必ず立ち寄っていた。

この本が並んでいた場面はよく覚えている。平積みではなかった。一冊だけ書棚に差し込まれていた。中学校では鉄道研究部に入部して、漠然とした鉄道への興味が次第に自分の中で具体的になりつつあった時期だ。慣れ親しんだ〝時刻表〟を冠した書籍はいやでも目につき、自然に手が伸びた。

しかしその時の立ち読みでは、何について書かれた本であるのか、正直なところ理解できなかった。まだ幼すぎたのかもしれない。母方の里であり、物心ついた時分からおなじみだった宇部線の名前を第4章に見つけ、その部分から読んでみた記憶がある。あまりにさらっと書かれすぎていて、つまらないと思った。面白みがわからなかったと言っていい。880円もしたから、貴重な小遣いを差し出す価値はないと考え、すぐ書棚に戻してしまった。

だが、それからいくらもしないうちに、『時刻表2万キロ』がわが家にやってきた。ベストセラーとして話題になっていたので、旅行好きでもあった叔母が私にと、買ってきたのだった。

国鉄全線完乗という企てと言うか趣味と言うか、そういう遊びに血眼になる人がいるとは知っていた。そうか、会社員の筆者が「国鉄の全営業路線に乗ろう」と、真剣に取り組んだ記録なのだと気がついたのは、この本を巻頭からじっくり読み始めてからだった。タイトルの2万キロとは、国鉄の営業キロを表していた。夢中になるのに、時間はかからなかった。

その頃、ＳＬブームは終わっており、ブルートレインブームはヘッドマーク付き列車が深夜に通過する関西には関係なかった。私の周囲では今日のような〝撮り鉄〟は一般化しておらず、鉄道趣味とはすなわち時刻表を読み、列車に乗りに行くことと、ほぼイコールだった。時系列が定かではないのだが、初めて買った『鉄道ジャーナル』が１９７９（昭和54）年４月号（２月発売）だから、『時刻表２万キロ』の方がおそらく先。私にとって鉄道とは乗って楽しむものになったのは、間違いなくこの本の影響だ。私自身の文化、つまりはアイデンティティーが形成されたのだった。

今にして思えば、「いかに真剣に遊べるか」はエンターテインメントの本質。それを学んだ瞬間だったのかもしれない。宮脇俊三はこれを文章の上で体現した。これはのちに私も、大学の演劇学ゼミでたたき込まれる。

「チャレンジ２万キロ」に背を向けて

『時刻表２万キロ』を読み終えた私は、さっそく鉄道路線が書き込まれた白地図を買ってきた。むろん、宮脇俊三の真似をするためである。そして赤マジックで乗車済みの路線を塗りつぶしてみたのだが、すぐに愕然とする。当たり前だが、まだ中学１年生。親に連れられて帰省する程度しか長旅はした経験がない。真っ白な地図に、ちょろちょろと赤線が這ったただけで、あっという間に作業は終わってしまった。確か、乗車距離は1000㎞ほどしかなかったはずである。

しかし、乗りつぶしへの意欲には火がついた。だが、中学生の財力では、乗車距離はそう簡単に伸びはしない。桜島線や尼崎港線など手近な未乗線区から始め、春休みなど貴重な機会を活かして、地道に、まだ見ぬ鉄道を次々に訪れ始めたのだが。

ここで面白くない事態が起こる。

国鉄が「いい旅チャレンジ20,000㎞」を1980（昭和55）年の3月から始めたのだった。これも『時刻表2万キロ』の影響、悪く言えば便乗なのだが、とにかく国鉄に乗ってもらえれば、厳しい財政事情は少しは助かるだろうとの主旨で企画されたキャンペーンだ。確かに、少しでもローカル線の利用客が増えれば、それはそれで喜ばしい。だけども、ある路線に乗ったと事務局に〝認定〟してもらわなければならない点に、カチンときた。起点と終点で自分と駅名標などを一緒に写した写真を撮って事務局に送り、申告する方式だ。起点駅、終点駅には駅員の姿と駅名を描いた、顔出し看板も設けられた。

若気の至りと言えば、そうなのだが、なんでわざわざ誰かに認めてもらわなければいけないのか。何だその上から目線（そんな言葉はなかったが）は。そう私は反発した。それに「例え宮脇俊三さんであっても、このキャンペーンに参加するなら、イチから」との姿勢も気に入らなかった。がんばってきたこれまでの自分の記録はどうなるのだ。

私は岐阜までの切符をつくってくれるよう車掌に頼んで、車内に戻った。（中略）私はある旅行家に「もうじき二万キロになりますよ」と自慢して「証拠はあるの？」と反論されていらい、私は切符などを蒐めるようになってしまったのである。

『時刻表2万キロ』の第5章、樽見線美濃神海駅の場面で、このようなやりとりがある。本人が乗ったと言えば乗ったことになる。そういう紳士的な趣味だったはずなのに、証拠とはまったく無粋だ。そんな思いがあったところへ、「いい旅チャレンジ２０，０００㎞」は証拠写真を撮って事務局へ送れだ。

もちろん私は、一切、参加しなかった。

そして、２００４（平成16）年12月29日、民鉄の方を先に、広島電鉄広島港にて全線完乗。ＪＲの方が後になり、２０１１（平成23）年８月９日、根室本線新得～富良野間を最後に完乗を果たしている。以来、新規開業線区、経営主体が変わった線区にも全て乗っており、現在も日本の鉄道全線完乗のタイトルは保持している。果てしない自己満足。それでいい。

ちなみに「いい旅チャレンジ20,000km」の事務局は当時の弘済出版社。この本を刊行していただいている交通新聞社の前身である。申し訳ないけど、ライターとしてお世話になるなど、夢にも思っていなかった時代の話だ。

レイルウェイ・ライターという〝仕事〟

順番から言えば、宮脇俊三より先に種村直樹の著作に出合っている。1977（昭和52）年4月刊行の別冊時刻表『線路はつづく』に収録された、木次線の運転曲線と、急行「さんべ」を追ったルポは、図書館で読んだ記憶がある。この本はのちに古書で入手した。『夜行列車 星影の旅情』は1978（昭和53）年7月刊行で、これも叔母に買ってもらった。おそらく人生で初めて手にした鉄道書らしい鉄道書だが、これにも何本もの夜行列車ルポの末尾に「文・種村直樹」の文字が躍っていた。レイルウェイ・ライターとの肩書きも、いつしか刻み込まれた。そういう仕事があるのだと。まさか自分が、足下にも及ばないなりに、似た仕事をするようになるとは思っていなかったが、中学生や高校生の頃は、ぼんやりと憧れていたのも確かだ。

宮脇俊三の影響で、鉄道に乗る魅力に取り付かれてはいたものの、ではどうすればいいのか。時刻表の巻末にある、国鉄の営業案内のページの内容ぐらいは把握していたけれど、それでは単純に、窓口で言われるがままにきっぷを買って乗るだけ。交通費を安く上げるにはどうすればいいのか。食事はどうする？　宿はどうする？ｅｔｃ…中学生にはわからない、つまりは〝汽車旅〟に出たくとも、不安だらけだった。

そんなある日、学校で鉄道研究部仲間のＴ君が、持っていた『鉄道旅行術』と題された本を見せてくれた。すでに『鉄道ジャーナル』は毎月購入するようになっていたから、著者の種村直樹の名前はすでにおなじみ。すぐ、ああ、あの種村さんかとピンときたけれど、その内容はまさに私が欲していたもの。目から鱗。何も知らない中学生を「啓蒙した」と呼ぶにふさわしかった。

借りて拾い読みするだけでは満足できず、すぐお小遣いを握りしめて耕文堂書店へ走ったのは言うまでもない。『鉄道旅行術』の初版は１９７７（昭和52）年５月。私がその時に手に入れ、今も手元にあるのは１９７９（昭和54）年10月刊行の改訂６版だ。その後も改訂を続け、何度かモデルチェンジしつつロングセラーになっている。

この本は、まさに汽車旅のノウハウが詰まったガイドブック。「交通公社のガイドシリーズ」の一冊として刊行されていた。旅に出る前のプランニングに始まり、面白い旅、安いきっぷの買い方、宿の探し方や泊まり方、旅の持ち物、列車内での過ごし方、現地での楽しみ、旅から帰っての思い出の整理の方法などなど。あらゆる情報が詰まっていた。家で読むだけでは飽き足らず、学校へも持ち込んで、夢中になって読んだものだった。バイブルだった。

そして、旅に出るよう私の背中が押されたのみならず。列車に乗ってルポを書くだけではなく、こうして仕事もされているのか。レイルウェイ・ライターってすごいなあと感動したと覚えている。この本に出合わなければ今のような仕事はしていなかったと思うし、種村直樹は今でも私の手本。「鉄道の現状の幅広い記録」。「鉄道の基本的な知識の普及」。「若い人を鉄道の世界へ導くこと」。これが私の仕事の三本柱と、常に肝に銘じている。『鉄道旅行術』との出合いは、〝師〟との出会いでもあった。

二冊との出合いで変わった私の汽車旅

私の初めての一人旅は１９７６（昭和51）年、小学校5年生に上がる時の春休み。山陽新幹線の「ひかり」に乗って、山口県の祖母宅へ往復した。翌1977（昭和52）年の、6年生に上がる時の春休みには、「ひかり」を広島で降りて山陽本線に当時、走っていた153系の快速に乗り換えて、やはり山口県へ向かっている。1978（昭和53）年に中学校へ上がる時は新幹線を使わず、大阪から小郡（現在の新山口）まで山陽本線の快速と普通を乗り継いだ。まだ「青春18のびのびきっぷ」が発売される前の話だ。なぜ、いつも春休みなのかと言えば、お年玉をもらった直後で資金が潤沢だったから。いつも祖母宅なのは、要するに宿に使えるほどのお金も、一人でどこかに泊まるほどの度胸もなく、反対に帰りの旅費としてお小遣いをもらえたからだ。宇部線宇部岬駅の駅員だった伯父に、きっぷの発券をお願いしたような記憶もある。

　それが変わったのが、『時刻表2万キロ』を読んだ直後の1979（昭和54）年の春休み。きっぷに入る日付が「54・3・21」と話題になった3月21日に出発したとよく覚えている。目的地こそ、長崎市の大学に進学していた従兄弟の下宿だったが、どうしても山陰本線に乗りたく、本音を言えば乗りつぶしたくなり、大阪市内から京都、山陰本線、鹿児

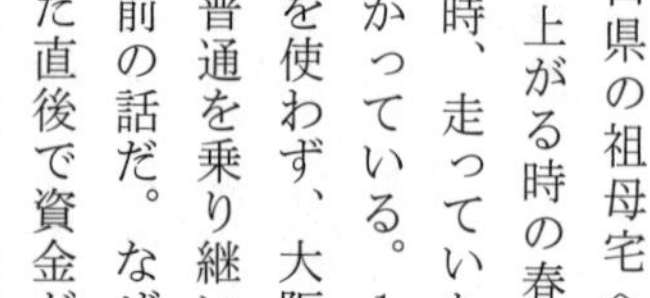

中学2年生の夏。鉄道研究部の巡検（見学旅行）の際、山陰本線の客車鈍行にて

島本線、長崎本線経由の乗車券を学割で購入。そして初めて、急行「さんべ5号」のB寝台券を、大阪駅構内にあった日本交通公社の支店で、旅行代理店の一ヵ月前発売を利用して手に入れたのだった。その時代、指定券類は駅の「みどりの窓口」で一週間前からの発売が基本だったが、一部の旅行代理店では一ヵ月前から発売されると私は知っていた。

その日は大阪を13時に出る新快速に乗り、京都へ。京都からは米子行きの急行「白兎」に乗り継ぎ、米子から「さんべ5号」に乗り込んだ。生まれて初めて乗る夜行列車だった。車両番号はナハネフ23　1019だったと、今でも空で言える。目が覚めると門司で、博多からは後続の急行「雲仙」に乗り換えて長崎へ向かっている。

『鉄道旅行術』に導かれた、1980（昭和55）年の春休みには、初めて「山陰ワイド周遊券」を買い、山陰地方の乗りつぶしに出かけている。大阪から広島まで寝台特急「明星1号」に一両だけ設定されていた普通車指定席に乗り、芸備線・木次線経由の夜行急行「ちどり6号」に乗り継ぎ、自由席で眠れない一夜を過ごしたものの、因美線や若桜線、倉

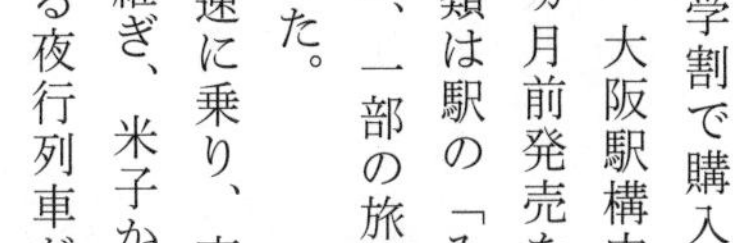

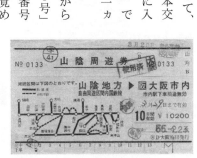

乗りつぶしの旅で使った山陰ワイド周遊券

吉線、境線などを回っている。初めて一人でビジネスホテルに泊まったのも、この旅の途中だった。

そして、高校への進学を控えた1981（昭和56）年の春休み。当時の最長距離急行だった大阪発青森行きの「きたぐに」を乗り通し、東北のローカル線を乗りつぶすべく、「東北ワイド周遊券」を手に自由席車のステップを意気揚々と踏みしめたのだった。友人たちとの集合離散の旅、ユースホステルの予約、旅先でのトラブルへの対処、みんなカバンのなかに入れた『鉄道旅行術』から教わったことだった。

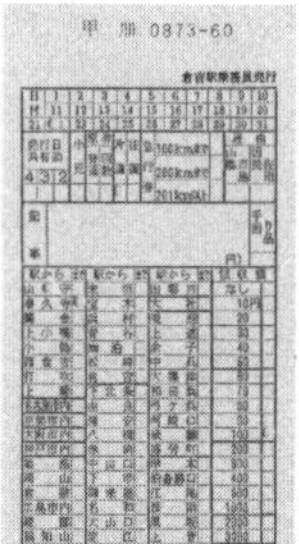

乗車した証拠のきっぷを買ったこともあったがすぐに止めた

中学3年生に上がる春休み。今は亡き倉吉線の山守駅にて

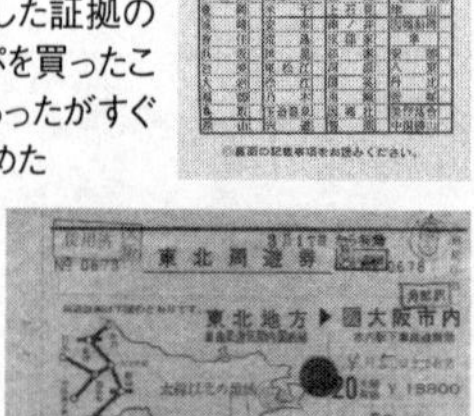

同じく乗りつぶしの旅で使った東北ワイド周遊券

中学卒業直後の東北乗りつぶしの旅にて　旧角館線松葉駅

私の「忘れられない鉄道の本」

1　既述『**時刻表2万キロ**』（宮脇俊三　河出書房）　1978

2　既述『**鉄道旅行術　改訂6版**』（種村直樹　日本交通公社出版事業局）　1979

3　『**線路はつづく（別冊時刻表保存版）**』（日本交通公社出版事業局）　1977
タイトルの通り、当時の『交通公社の時刻表』の愛読者（?）向けの読み物を集めたムック。廣田尚敬撮影のグラフに始まり、各種ルポ、エッセイ、座談会、豆知識、鉄道推理小説まで盛りだくさんな編集だった。

4　『**夜行列車　星影の旅情**』（毎日新聞社）　1978
特急列車、軽便鉄道、路面電車など、鉄道の各ジャンルに絞って編集した毎日新聞のルポ集の一つ。ブルートレインばかりではなく、一般型客車の急行、夜行鈍行まで、ふんだんに夜行列車の魅力が詰め込まれていた。

5　『**ヨーロッパ軽鉄道の詩**』（堀淳一　スキージャーナル）　1979
私の興味を海外の鉄道へと向けてくださった本。堀淳一のしゃれた文体には、今でもあこがれる。この本で描かれていた影響で、初めての海外旅行の最初の目的地を、オーストリアのインスブルックの登山電車にしたほど。

6　『**オリエント急行と文学―文学渉猟によるオリエント急行物語**』（佐々木桔梗編著　プレス・ビブリオマーヌ）　1978
佐々木桔梗の名を知ったのは『鉄道ジャーナル』誌上の連載で。奥深いヨーロッパの鉄道文化は、中学生にとっては目がくらむようなまぶしい世界だった。「ただ列車に乗るだけ」ではない鉄道の味わい方を教わった一冊。

7　『すかたん列車』（吉谷和典　日本経済評論社）　1985
吉谷和典は大阪市交通局の職員だった。大阪弁丸出しで、賑やかで、人なつこく、遠慮のない、鉄道紀行には笑いころげた。かしこまった鉄道評論とは対局に位置するけど、チクリとひと言があるのは、さすが大阪人。

8　車両発達史シリーズ3『阪急電鉄神戸・宝塚線』、4『阪急電鉄京都線』（藤井信夫　関西鉄道研究会）
1994、1995
鉄道ライターの仕事をする上で、手本とした本の一つ。生まれた時から慣れ親しんだ阪急電鉄の車両にも、私が知っている以上の深い歴史があり、それが現状の背景になっているのだと教わったシリーズだ。

9　『よみがえれ！みちのくの鉄道　東日本大震災からの復興の軌跡』（東北の鉄道震災復興誌編集委員会編）
2012
国交省東北運輸局が監修した、東日本大震災における東北の鉄道の被害と復興の道のりをまとめた本。淡々とした客観的な記録集だが、それだけに心打つものがあり、私を被災した鉄道の取材へと駆り立てた。

10　『七時間半』（獅子文六　新潮社）　1960
1960（昭和35）年に世に出た小説だが、近年になって文庫本化されて私の目に付いた。電車化直前の東海道本線の特急を舞台としたラブコメディで、当時の食堂車や客室の様子が、緻密に活き活きと描かれている。

鉄道ライター　伊原 薫

私の成長歴の軸にある鉄道の本たち

『カラーブックス』シリーズ 保育社
『ヤマケイ私鉄ハンドブック』山と渓谷社
『大百科』シリーズ ケイブンシャ
『全百科』シリーズ 小学館コロタン文庫
『国鉄あちこち体験記』ヒサクニヒコ
『RAIL WARS! 日本國有鉄道公安隊』豊田巧

伊原 薫　いはら かおる

1977（昭和52）年大阪府出身。鉄道ライター。会社員生活を経て2013年からフリーとして活動。鉄道・旅行雑誌での取材、執筆のほか、「Yahoo! ニュース個人」「乗りものニュース」などのWebニュースでも多数執筆。加えてテレビ番組への出演や監修、地域公共交通に関する講演・アドバイスなど、幅広く活動している。京都大学大学院認定の都市交通政策技術者の肩書も持つ。主な著書に『関西人はなぜ阪急を別格だと思うのか』（2020年 交通新聞社新書）がある。

マイカー族で育った私を鉄道に導いた〝バイブル〟の存在

この本をお手に取った貴方は、少なからず鉄道に興味をお持ちのことと思うが、皆さんは自分が鉄道趣味に目覚めたきっかけを覚えておられるだろうか。

私は様々な縁があって、今こうして鉄道趣味業界に携わっているのだが、この仕事をしていると出会った人に「いつから鉄道が好きなのですか?」と聞かれることがよくある。自分でも気になり、何度か思い返してみたものの、どうも判然としない。おぼろげながら、まだ幼稚園児だった頃に母親と自宅近くの線路沿いで行き交う列車を眺めていた記憶があるので、おそらくは「生まれた時から」というのがその答えになるのだろう。

小学校に入る頃には、父親に連れられて少し足を延ばし、北千里駅から阪急電車で梅田駅まで行くのが休日の楽しみだった。当時、京都線系統では初代1300系や1600系がまだ走っていて、丸みを帯びたスタイルや片開きの客扉、近くを走る国鉄では見られない木製の車内に驚いたものである。また、阪急では行先板がまだまだ現役で、そのミニチュアが売店で売られていた。金属製のしっかりした造りで、帰りによく買ってもらい、自転車の前カゴに付けて〝ひとり電車ごっこ〟をしていたのも思い出深い。ちなみに、阪急梅田駅の下にある商業施設、阪急三番街には「川の流れる街」というキャッチフレーズがあり、今も川が流れているが、この頃はかなり大掛かりな噴水もあった。さらに、一角ではコイが飼われていて、付近の熱帯魚屋で売られているエサをよくあげていたのを覚えている。噴水もコイもいつの間にか見られなくなってしまったが、まだ記憶に残っている方もいるのではなかろうか。

話を戻そう。子どもが鉄道を好きになるきっかけとして最もスタンダードなものは、「身近な人が鉄道好きだった」あるいは「鉄道に関わる仕事をしていた」であるように感じる。父親が鉄道ファンだった、というのがその最たる例だろう。家族で観光列車に乗ったり、写真撮影に付き合わされたりするうち、興味が湧いてきた……というパターンである。だが、私はどちらにも当てはまらない。父親の仕事は鉄道業界と関係なく、また〝お出かけはマイカー派〟であり、むしろ鉄道に乗るのは私がせがんだ時だけであった。しかも、その際には弟も一緒であり、阪急電車や大井川鐵道のＳＬ列車、あるいは大阪・弁天町駅の横にあった交通科学館など、様々な車両の前で私とともに笑顔で写る写真が残っている。にもかかわらず、弟はついぞ鉄道趣味に目覚めることはなかった。一体なぜ私だけが鉄道に興味を持ったのか、人生は謎だらけだ。

そんな私が一端の鉄道ファンに育ったのは、両親が買い与えてくれた多くの本に因るところが大きい。特に印象に残っているのが、保育社の「カラーブックス」、山と渓谷社の「ヤマケイ私鉄ハンドブック」、そしてケイブンシャの「大百科」や小学館コロタン文庫の「全百科」などのいわゆる〝百科シリーズ〟だ。いずれも、私と同年代、あるいは年上の方にはなじみ深いタイトルであるに違いない。このうち「カラーブックス」と「ヤマケイ私鉄ハンドブック」については資料として読み返すことがあるため、今も手元に置いてあるのだが、なにせ幼少期に文字通り「穴が開くほど読んでいた」せいで、何冊かはボロボロになっている。とりわけ状態が酷いのは、両シリーズとも阪急の本。この頃から私自身にとって、阪急は〝別格〟であったことがよく分かって面白い。

「百科シリーズ」はどちらかといえば子ども向けの構成で、鉄道に関するイロハや車両の仕組みなどが、初心者でもわかりやすく解説されていた。とはいえ、私が愛読していたコロタン文庫では、たとえば20系客車の履歴が全車両分掲載されていたり、詳細な乗車レポートが収録されていたりと、大人でもなかなか読みごたえのある内容である。当時は特急電車といえば485系、ブルートレインの牽引機と言えばEF65形が代表格であったところ、『電車全百科』の表紙は同じ国鉄特急色ながら381系のエル特急「しなの」（よく考えると、「エル特急」という言葉もすでに過去帳入りしているのが感慨深い）、『機関車全百科』

保育社「カラーブックス」筆者所有分。ビニールカバーが縮んで表紙がしわになることも多かった

の表紙は14系客車の臨時「つばさ」と思われる列車を牽引するＥＦ71形と、こちらもなかなか渋いチョイスだった。ハガキとほぼ同じサイズながら厚さは約三センチメートル、四百ページ前後とかなりのボリュームで、無線綴じのため背の部分が割れてしまい、セロテープで補修しながら読んでいた。

一方、「カラーブックス」は大人をターゲットにした書籍で、鉄道に限らず、古今東西の風土や文化、趣味など様々なテーマを取り上げたものである。１９６２（昭和37）年に発刊された最初のテーマは『ヒマラヤ』で、その後『桂離宮』『犬―その銘柄―』『切り花２００種』『サボテン』『皇居』と続く。鉄道が初めてテーマとなったのは65号『日本の鉄道』で、その発行日は1964（昭和39）年10月1日。東海道新幹線の開業日であり、正に日本の鉄道が新時代を迎えた、その記念として刊行された。表紙はもちろん試運転中の0系で、一ページ目にも「この新しい鉄道の出発を機会に、これまで開発された数々の車両を中心として本書を企画してみた」とある。私の手元にあるのは十六年後に発行された重版だが、「国鉄の現状とはたいへん違っていますが、一つの時代の記録として、あえてそのまま版を重ねることにいたしました」との但し書きがされ、当時どんな車両が注目されていたかを伝えている。

そして、子どもであった私の一番のお気に入りが、「ヤマケイ私鉄ハンドブック」である。文庫サイズの前二者と違ってA5サイズと大きく、廣田尚敬氏による色鮮やかな写真で構成された誌面は、正にバイブルだった。このシリーズは大手私鉄ごとに刊行され、その現有全形式が網羅されていたが、見返してみると形式名の横に鉛筆で○や×が書かれている。どうやら、その頃の自分の好きな車両・嫌いな車両を書き込んでいたようだ。例えば名鉄では、当時の花形である7000系パノラマカーに○が付いているのは当然として、最新鋭通勤車両の6000系には△、5500系や5000系は×が書いてあり、一方で古豪の800形や750形、510形は○となっている。なかなかに子どもらしからぬ〝判定〟であり、どちらかというと武骨な通勤車両に興味を持つ今の私の傾向は、この頃すでに形成されていたようだ。

これらの本も阪急のミニチュア行先板と同様、事あるごとに親にせがんで買ってもらった覚えがある。おそらく私の鉄道趣味の原点であり、大切な財産だ。

ライターへの芽生えとなった鉄道の本

こうしてレイルファンとしての第一歩を踏み出した私は、小学校高学年になるとレイルファンの同級生数人と能勢電鉄や叡山電鉄など近場の鉄道をめぐりながら、乗ったり、撮ったりを楽しんでいた。当時は鉄道会社とファンの垣根が低く、子どもが車庫を突然訪れても、名簿に連絡先を書くだけで自由に見学させてくれたものである。時には「車庫のなかの車両を撮りたいんやったら、ちょっと前に出したろか?」とありがたい声をかけても

1990年頃に神領電車区を訪問した際の一コマ。当時はこのようにレイルファンの訪問に寛容な現場も多かった。ちなみに103系はJR東海色だが前面にJRマークがない試験塗装

らったり、「みんなには内緒やで」と言いながら、入換中のディーゼル機関車に乗せてもらったりもした。もう時効だが、宮原客車区で「サロンカーなにわ」のなかを撮影させてもらったあとで車内にフィルムを忘れてしまい、あわてて取りに戻ったところ「この列車、今から大阪駅まで回送するから、そのまま乗っとき！」と乗せてもらったのも良い思い出だ。

ところで、この頃の私は読書好きでもあった。といっても、小学生の小遣いで鉄道関連の月刊誌を買う余裕はなく（一方で『少年サンデー』などは買っていたわけだが）、前述の「カラーブックス」などを親にねだる以外は、児童向けの文学書が主だった。江戸川乱歩氏の「少年探偵団」シリーズや、那須正幹氏の『ズッコケ三人組』シリーズなどを、時には学校や市立の図書館で読みふけった覚えがある。

高校へ進学した後も、読書好きが変わることはなかった。私が通う高校には鉄道関連の部活がなく、吹奏楽部と図書委員、そして生徒会活動が高校生活の中心となったため、相対的に鉄道趣味のウエイトは下がったのだが、それでも時折カメラ片手に列車を追いかけていた。ただ、これは自分でも未だに謎なのだが、なぜか宮脇俊三氏や種村直樹氏の著書に触れる機会はなかった。その頃の興味がどちらかというと車両メインであり、〝乗り鉄〟よりも〝撮り鉄〟中心の活動だったことも影響しているのかもしれない。

そんなある日、高校近くの書店でたまたま見つけたのが、ヒサクニヒコ氏の『国鉄あちこち体験記』である。以前から私好みのイラストを描いておられるヒサ氏が書いた、鉄道に関するエッセイということで、迷わず手に取ってレジへ向かったのだが、これが私の人生で初めて購入した鉄道関連の紀行文だったように思う。そして、イラストと同様の軽妙な文章は、「鉄道関連の書籍は解説調の"硬い文章"が当たり前」と考えていた私に、軽い感動とともに染み込んでいった。

この原稿を書くにあたり、改めて同書を読み直した。簡潔にして的確な描写が、まるで自分がその場にいるかのように、情景をカラーで浮かび上がらせる。同時に、初めて読んだ時に「こんな文章を書いてみたい」と感じたことを思い出した。今、ライターとして活動している私にとって、同書は道標のような存在だったのかもしれない。

衝撃だった"鉄道妄想"の小説

時は流れて2012（平成24）年春、まだライターとしての活動を始める前だった私は、たまたま書店で手にした一冊の文庫本に衝撃を受けた。タイトルは『RAIL　WARS！―日本國有鉄道公安隊―』。駅構内や列車内の犯罪に対処していた国鉄職員、鉄道公安官が現代にも存在したら……というフィクションだと思ったのだが、本作はそれにもう一つ大きな要素が付加されていた。それは、主人公が高校生であるという点だ。鉄道の運転士になることを目指して鉄道学園に通う主人公が、学生研修でなぜか鉄道公安隊に配属され、仲間たちと様々な事件に立ち向かう。若年層をターゲットにした、いわゆる「ライトノベル」と呼ばれるジャンルの作品で、特に主人公と同年代の読者は共感を覚えたことだろう。

では、何が〝衝撃〟だったのか。実は私も高校時代に、これと似たようなシチュエーションを妄想していたのである。皆さんは「中二病」という言葉をご存じだろうか。中学生前後の子どもにありがちな、「自分は他人とは違う、何か特殊な能力や卓越した実力を持った〝選ばれし存在〟である」という妄想を募らせ、来たるべき時に備えて（何が「来たるべき時」なのかもよく分からないが）必殺技を開発したり、鍛錬に勤しむ……というアレだ。文字にすると大仰に思えるが、私と同年代の読者であれば、一度は「パーマン」のように空を飛ぼうと風呂敷を体に巻いたり、「かめはめ波」が打てるよう練習したことがあるだろう。

そして、私の中二病はまさに、「鉄道の安全運行を守るため、子どもたちで構成された秘密警察組織」というものだった。なぜ子どもなのか？　と言えば、その方が大人よりも〝悪の組織〟に警戒されないからである。要請があれば授業中でも出動し、時には拳銃を持って犯人に立ち向かい、負傷した運転士に代わって列車を運転する。いざという時に備えて、エアガンで射撃の訓練をしたり、鉄道関連の書籍を見ながら「○○系の非常ブレーキはこの位置、○○系はこうすればドアが手動で開く」などと研究したりしていた。組織の名前やロゴマークも自分でデザインし、確かその頃に持っていたワープロで何話か"執筆"した記憶もあるのだが、今となっては全てが恥ずかしく、そして懐かしい。

『RAIL WARS!』は、そんな私の過去の所業を一瞬にして思い出させてくれた。もちろん私が大いにハマったのは言うまでもない。と同時に、いつか自分もこんな小説を書いてみたいと感じたのも覚えている。この翌年、ひょんなきっかけからライターとして仕事をするようになり、今こうして物書きを生業にしているわけで、人生というのは誠に面白いものである。

ちなみに、私のもう一つの「中二病」として、仙台を拠点に東北一円に路線網を広げる大手私鉄、みちのく鉄道の若き社長というものもあった。こちらはさらに具体的（?）で、全線の詳細な歴史や配線図、主要車両の図面（方眼紙に書き込んだ本格的なものである）、運賃設定や事業収支のシミュレーションなどまで行っていた。確かどこかに資料を残していたはずなので、いずれ機会があればご笑覧いただきたい。

私の「忘れられない鉄道の本」

1　**「大百科」シリーズ**
既述「ヤマケイ私鉄ハンドブック」シリーズ（写真／廣田尚敬　解説／吉川文夫　山と渓谷社）　1981〜
既述「大百科」シリーズ（勁文社、小学館）
既述「カラーブックス」シリーズ（保育社）　1962〜

2　既述『**国鉄あちこち体験記**』（ヒサクニヒコ　集英社文庫）1986（初版は1981雄鶏社）

3　既述『**RAIL WARS! 日本國有鉄道公安隊**』（豊田巧　創芸社クリア文庫）　2012〜

4　『**鉄道ファン増刊号**』（交友社）　1980　1972　1982
いずれも、まるでポスターのような大型の写真集で、ボロボロになるまで何度も見返しました。
・『**国鉄・私鉄オンパレード**』車両のセレクトが渋く、通勤車両なども多く収録されていたのも印象的でした。
・『**蒸気機関車に敬礼**』それまでSLに興味はなかったのですが、これを見て興味を持つようになりました。といっても、すでに近くにはいなかったので梅小路蒸気機関車館に行くだけでしたが。
・『**動止フォトグラフ**』まだコンパクトカメラで駅撮りするだけだった自分にとって、動く列車を線路際で真横から撮った写真は非常に新鮮でした。乗っている人の表情まで見えたのが印象に残っています。なぜか手元に残っていないのが残念です。

5　『**鉄道ダイヤ情報**』1988年2月号（交通新聞社）　1988
自分で購入した初めての鉄道趣味誌。いろんな情報が詰まっていて、これを見てジョイフルトレインや甲種輸送を撮りに行きました。三十年後、自分がその雑誌の特集を担当することになった時は、なかなか感慨深いものがありました。

6
『究極超人あ〜る』（ゆうきまさみ　小学館）　１９８６〜
高校の光画部（写真部）を舞台にしたコミックですが、作者が鉄道好きということもあって随所で鉄道の描写が見られます。オリジナルビデオアニメは「ＪＲに乗って東京〜豊橋〜飯田線のスタンプラリーを巡る」というもので、１８５系や１１９系のオンパレードでした。

7
『寝台特急「北斗星」殺人事件』（西村京太郎　カッパ・ノベルズ）　１９８８
小説好きのレイルファンにとって、やはり西村京太郎氏のシリーズは外せないものです。私が最初に読んだのは、ちょうどその頃デビューした「北斗星」を題材にしたもので、「もう小説になったのか」と思いつつ、その破天荒な展開に驚いたものです。同氏の作品では、ほかに『超特急「つばめ号」殺人事件』も、戦前の事件とリンクするというまさかの展開と、ちょうど私の自宅近くで事態が急展開するのが面白く、印象に残っています。

8
『全線開通版　線路のない時刻表』（宮脇俊三　講談社文庫）　１９９８
実は私は宮脇俊三氏や種村直樹氏の本は（こうした仕事を始めるまで）ほとんど読んだことがありませんでした。そのなかでも、この本はタイトルに惹かれて購入。開通後の風景を知っているだけに、開通前の様子などとの対比が面白く感じられました。

9
『阪急電車』（有川浩　幻冬舎）　２００８
「図書館戦争」シリーズが好きで愛読していたところ、地元の路線が題材になるということで、迷わず手に取りました。高級感が漂うと言われる阪急のなかでも、各駅ごとに微妙に異なる雰囲気が見事に表現されており、頭のなかに映像として浮かびました。

10

『さらば日本国有鉄道』（世界文化社編　世界文化社）1987

国鉄の分割民営化は私が10歳のころ。当時の自分にとって「鉄道趣味＝列車の写真を駅で撮ったり、特急電車に乗ること」だったのですが、鉄道にはすでに百年以上の歴史があり、それが大きく変わったことを、ここに収録された様々なエピソードで知り、またそこにあった人々のドラマに、文字通り読みふけりました。

4章

座右の書・生きる手本

教科書には載っていない知識や知恵というのものは、意外と多いもの。しかも、それは大人になって知るものですから、タチが悪い…。しかし、そんな人生の穴を埋めてくれるのが本です。

当章では、そんな知識や知恵を鉄道の本から学んだというエピソートをご紹介します。

旅行作家 野田 隆

列車の選び方から街の歩き方まで、ヨーロッパ旅行のお手本だった

『英国・北欧・ベネルックス　軽鉄道の旅』堀淳一　1971

野田 隆　のだ たかし
1952（昭和27）年、愛知県出身。旅行作家。早稲田大学大学院法学研究科博士前期課程を修了後、都立高校の英語科教諭を務める。2010（平成22）年に退職後、著述業に専念。ヨーロッパと日本の鉄道旅に関する執筆多数。おもな著書に『ヨーロッパ鉄道旅行の魅力』（2003年　平凡社）、『にっぽんの鉄道150年』（2022年　平凡社）ほか多数。

団体旅行ではできない、自分の旅の作り方

軽鉄道とは、著者の言によれば、「路面電車や地方私鉄、…短区間を走る軽車両を使ったローカル列車など小規模な鉄道や車両を総称する言葉のつもりだ」という。しかし、私が

この本を買うきっかけとなったのは、「オスロ〜コペンハーゲン鈍行記」という、かつて月刊『鉄道ファン』に掲載されて印象に残っていた一篇が収録されていたからである。この小品は軽鉄道と言うよりは幹線の列車の乗車記なので、軽鉄道というタイトルにつられてこの本を入手したわけではない。ともあれ、懐かしい乗車記に再会できたので飛びついたのであり、その後、何度となく読み返すこととなった。

堀淳一氏は、周知のように北大で物理学を教えていた学者であり、その傍ら、趣味で鉄道や地図の楽しみを極め、定年を前に物書きとして独立してしまったというユニークな人である。余談ながら、私も鉄道趣味を仕事とするために教師を定年前に退職してしまったので、堀先生の気持ちが分からないでもない。

この本は、まだまだ大学教授として活躍中の頃の著作で、研究のためにヨーロッパに半年間派遣されたついでに鉄道旅をして、それを月刊『鉄道ファン』に寄稿したものを中心にまとめたものだ。したがって、「鉄分」の濃い作品ばかりだが、車窓からの情景や街歩きの描写には、堀さんの後年の作品を彷彿とさせる詩情豊かな、しかもほのぼのとした文章が散見され、思わず読み惚れてしまう。この北欧の乗車記は1963（昭和38）年の旅、まだまだ海外旅行は高根の花だった頃で、しかも団体旅行ではなく、自由気儘《まま》に鉄道旅行をしていたとは、最初に読んだのが小学校の6年生だったが、憧れの的であった。

堀さんは、自分で時刻表を見ながら旅程を作っている。それも有名な列車ではなく、どちらかというと地味で目立たない鈍行列車中心の旅だ。鈍行はともかく、派手さはないけれど、味わい深い列車旅。私が、堀さんに倣ったヨーロッパ鉄道旅行を実現するまでには、その後、二十年ほどの年月が流れたけれど、その旅のスタイルは、私がヨーロッパ鉄道の旅を目指すお手本となった。臨場感あふれる文章によってヨーロッパの鉄道への憧れは、繰り返し読むたびに強まっていったのである。

私が北欧に出かけたのは、１９８３（昭和58）年と１９９０年代以降に四回の都合五回ほどであり、帰ってからこの本を読み返してみると、同じような体験もあるし、意外に思ったこともあり、北欧の旅の情景が鮮やかに蘇ってくる。

堀さんが書いたこの北欧鉄道旅行は、ノルウェーの首都オスロから始まる。ターミナル駅の板張りのホームというのは珍しいが、オスロ東駅は私が降り立った時には廃駅となっていて、すぐ隣にできたオスロ中央駅に引き継がれていた。オスロから乗車した列車は、ストックホルム行き快速列車だが、列車種別について英語とドイツ語を引き合いに出して検討しているところはいかにも学者らしい。私も、この列車のルートはストックホルムか

堀さんの旅を追って、オスロ中央駅から長距離列車に乗り込んだ（著者撮影）

らオスロまで乗車したことがある。ユーレイルパス利用だったので、列車種別については気にする必要がなく、漠然と特急あるいは急行だと思っていた。いずれにせよ、わが国なら急行列車よりランクの上に相当する長距離列車だったことは間違いない。

パスポートチェックがなく、あっけなくスウェーデンに入国すると、「網走湖や能取湖のような感じの明るい湖が、次々と現われてくる」。私の場合は、北欧に一度旅してから網走方面に出かけたので、初めて石北本線に乗って網走が近づいてきたとき、北欧みたいな車窓だと感心したものだ。網走と言うと刑務所や番外地のイメージしかなかったので、湖畔の情景の美しさには思わず見とれてしまった。いずれにせよ、スウェーデンの車窓と網走付近の車窓が似ていることは堀さんも感じているようで納得した次第である。

次に正真正銘の鈍行列車に乗り換える。貨物列車に客車が2両連結された混合列車というのが興味深い。私が何回も北欧に訪れた1990年代には全くお目にかからなかった列車だから貴重な体験をなさったようで羨ましい。

堀さんは、地形に詳しく、車窓や駅近辺の自然描写は見事である。「遠くの森からつき出ている教会の尖塔や牛の群れなど、ミレーの絵を見ているようだ」というくだりは詩的だ。それとともに出会った人の様子も活き活きと描いているので、一緒に旅をしているような気分を味わえる。

食事を摂るために途中駅で下車したものの、あてにしていた食堂は休業中で、売店で飲食物を買って駅のベンチで食べていたら、地元の人が英語で話しかけてきたという。スウェーデンは田舎でも英語が通じる国で、これは私も経験した。

さらに、次の列車で移動中、車内から見かけた停車駅の駅長さんは中年の女性で、「濃いブルーの制服に身をかため、赤い帯を巻いた帽子から金髪をのぞかせながらニッコリと敬礼をしたところはチャーミングだった」。こうしたさりげなくも色気のある文章は、とかく車両や構内の描写が中心の鉄道紀行にあっては、一幅の清涼剤であり、魅力あふれる旅の文章となっている。

「軽鉄道の旅」とあるので、軽鉄道について書いた章に触れないわけにはいかない。それには、第1部の「英国の軽鉄道ところどころ」を読むことだ。何しろ、堀さんはロンドンの物理学研究所にしばらく勤めていたことがあったので、その期間の週末などを利用して、

「修善寺虹の郷」ロムニー鉄道で、ヨーロッパの素敵な軽鉄道を体験できる（著者撮影）

英国の各地に実にまめに出かけている。多忙であったであろうから、日帰り旅行も多かったみたいだが、それにしてもバラエティに富んだ軽鉄道めぐりをしている。

有名なロムニー鉄道は、線路幅が世界最小のミニ鉄道であり、伊豆の修善寺にもほぼ同じものが設置されているので、馴染みがある。ＳＬ保存鉄道で有名なブルーベル鉄道は、最近では映画『プーと大人になった僕』のロケでも使われ、健在ぶりを披露していて嬉しい。また、マン島の路面電車、ＳＬ列車、そして貴重な馬車鉄道に関しても詳細にレポートしてくれて、その臨場感あふれる文章には魅了された。他には、ケーブルカーや桟橋鉄道という風変わりな鉄道も登場し、軽鉄道の奥深さを楽しむことができる。馴染みのない鉄道も出てくるので、興味は尽きない。

それぞれの章には、軽鉄道訪問に使った英国国鉄（当時）の列車の話、道中や現地で出会った人たちとの心温まる交流も仔細に記されていて、軽鉄道を通して見た半世紀以上前の英国事情を窺い知ることができるのがよい。

１９６０年代というのは、ＳＬ列車がまだ残っていたり、電化が進むなど、鉄道にとっては古いものと新しいものとが交代する激動の時期でもあった。近代化が完了し、車両に関しては画一化が進んでしまった現在と比べると、バラエティに富んだ列車が走り回っていた往時は鉄道ファンにとってはパラダイスでもあった。ＳＬと客車１両の編成によるプッシュプル・トレインという珍しい列車にも遭遇していて興味をそそる。

第２部が前述した「オスロ～コペンハーゲン鈍行記」が収められている「スカンジナビア・レールの旅」、最後の第３部は、ベネルックスの路面電車などと称し、オランダやベルギーの首都ブリュッセルの路面電車乗り歩きレポートをはじめ、現地に向かうまでの国鉄の列車乗車記も収録されている。オランダの古都ハーグでは、路面電車に乗って、マドローダムというミニチュアタウン（東武ワールドスクエアのようなテーマパーク）を訪問している。単なるテーマパークではなく、園内にはスケールの大き

オランダの有名な海水浴場スケベニンゲン行きの路面電車（著者撮影）

な鉄道模型が有名な建物の間を走り回っていて鉄道ファン必見の施設でもある。それを見逃さないのは、さすがという他ない。ここへのアクセスに乗車した路面電車は私も乗ったことがあるが、有名な海水浴場スケベニンゲン行きの電車に乗る。地名表記に関しては、半世紀前の慣習が現在とは異なることもあり、耳慣れない表記もあるが、堀さんはスヘーベニンゲンと書いている。同じ場所であり、行ったことがあるだけに懐かしく思った。

タイトルには英国・北欧・ベネルックスとあるが、ちょっとだけドイツのフランクフルトの路面電車が出てくる。航空機の乗り継ぎのために立ち寄り、中央駅前で眺めただけのようだが、ドイツ贔屓としては、僅かなりとも取り上げてくれたことは嬉しい。

堀さんの文章は、章によって、エッセイ形式は無論のこと、手紙形式、対話形式とバラエティに富んでいて、語り口が異なるだけに飽きることがない。その構成の妙には脱帽である。

また、堀さんの旅のスタイルは魅力的だ。鉄道を中心としつつも、歴史の重みを感じるヨーロッパの街をくまなく歩きまわって、文化や芸術をさりげなく味わっている。せっかくヨーロッパに出かけたのだから、多くのことを吸収して帰りたい。私のヨーロッパ旅行は、堀さんの本を事前に読んだことで充実したものとなったと言っても過言ではないのである。

批判精神の大切さを習う

『鉄道大バザール』ポール・セルー著　阿川弘之・訳　1977
THE GREAT RAILWAY BAZAAR

１９７５年当時、イギリスに住んでいたアメリカ人作家のポール・セルーが、ロンドンのヴィクトリア駅を出発して、ヨーロッパ大陸を東に進み、中近東、アジアを経由して日本まで鉄道をメインとした大旅行を試みた。復路はシベリア鉄道で戻るという壮大な鉄道旅行の様子を紀行文にまとめたもの。鉄道に関する専門的かつマニアックで詳細な記述はあまりなく、道中に出会った人や滞在した街の様子から見えてくる文明批評的な文章に特色がある。

日本に到着してからは、上野駅から鉄道を使って札幌まで、そして東京から関西へ東海道新幹線で旅している。外国人の目に映った日本の鉄道に関する記述が貴重だ。訪れたのは師走。上野駅から青森行き特急「はつかり」（Early Birdと英訳している）に乗車する。青森では青函連絡船に乗り、早朝の函館からは特急「おおぞら」（Big Skyと英訳している）で札幌に向かう。詳細な列車ダイヤは記載されていないけれど、昭和40年代後半であるから、有名なヨンサントオのダイヤ改正で設定された電車特急1M「はつかり2号」、ディーゼル特急1D「おおぞら」釧路行きと思われる。

酔狂な旅を何カ月も続けて結構なご身分だなと思っていたら、行く先々で講演をこなしている。壮大な講演旅行でもあったわけで、旅費を稼ぎながら旅を続けるとは、なかなかちゃっかりしている。わざわざ札幌まで行ったのも、講演をするためだったのだ。しかし、航空機で行かないで、列車を乗り継いでいくところが鉄道好きたるゆえんであろう。

1970（昭和45）年の特急「はつかり」。外国人の目を通した高度経済成長期の鉄道の様子は興味深い

中東やインドなどアジアの列車を乗り継いで旅した後の日本訪問であるから、列車ダイヤが正確でてきぱきしている日本の鉄道には「能率のよさ」「何と快適なスピード感」と称賛している。しかし、「無味無臭の日本の列車」に落ち着かず、「でれでれしたインド国鉄の非能率ぶり」が恋しくなってきたとも書く。札幌の街並みも「あまりに整然としていて面白味がない」、ぶらついてみようという気はおこらなかったとも言う。

東京駅から京都まで乗った東海道新幹線「ひかり」（当時、「のぞみ」はまだなかった！）についても、「車輪の音も騒々しいのろのろ汽車が懐かしかった。日本の汽車旅は、きわめて実務的かつ無趣味に都市から都市へと人を運ぶ単な

日本が世界に誇った0系新幹線も、ポール・セルーの筆に依ると…

る輸送システムで、大切なのは定時運転ということだけ」と切り捨てる。車掌が丁寧に検札をして、車端部で一礼して次の車両に移っていくのを見て、「礼儀正しいのも結構だが、こう徹底的にやられると、丁寧にされているのか馬鹿にされているのか分からなくなってくる」と皮肉交じりに感想を述べる。高度成長真っ只中の日本の躍進ぶりを冷ややかに見つめるのは、欧米が一番という自負がぐらついてきた不安の裏返しかもしれない。

ところで、著者はパリからイスタンブールまでオリエント急行に乗っている。「何と贅沢な！」と思うかもしれないけれど、この当時のオリエント急行（Direct Orient Express）は、ヨーロッパによくある長距離国際急行列車の一つに過ぎなかった。寝台車こそワゴン・リ（国際寝台車会社）の由緒正しき車両だが、普通の座席車で編成された列車のうちの1両であり、翌朝スイス国内で目が覚めて車内をうろうろして食堂車が連結されていないことに気づく。ひもじい思いをしていたら、イタリアとの国境駅ドモドッソラでランチボックスを売っているのに出くわし、かろうじて食事にありつけたのである。

その後も、道中の不自由さに不満が爆発したのか、「かつてサービスの良さを世界に誇ったオリエント急行が、今ではサービスの悪さにおいて群を抜いている」とこき下ろす。「私が常に世界最低の鉄道だと思っているアムトラック（アメリカの旅客鉄道公社）さえ、車内の売店でハンバーガーを出すのに」と食事で苦労したことに恨みつらみを書き綴る。

かように、このポール・セルーという男は、何事も批判しなくては済まない性格のようだ。会って話をすると嫌味な人物かもしれないけれど、かくも長編の紀行文には、このくらいスパイスが効いた内容でないと読み通せない気もした。個性的な鉄道紀行本であるのは間違いのないところであろう。

それにしても、わが国のレイルファンの傾向として、鉄道会社や列車の運行に関しては、批判することがタブーであるかのような印象を受ける。路線や列車が廃止になるのはもちろんのこと、車内販売が中止になっても、文句を言うどころか、最後の様子を体験し、記録するばかりで、何の抵抗もなく受け入れてしまうのだ。大勢で「残念だ」とか「ありがとう」と叫ぶのが何だか不思議に思える。そのような風潮を散々間近に経験していると、ポール・セルー氏の反骨かつ批判精神は案外健全なのではないかと感じてしまうのだ。少しは見倣って、言わずにはいられないことを声高に叫んでみなくてはと思う今日この頃である。

私の「忘れられない鉄道の本」

1　既述『英国・北欧・ベネルックス　軽鉄道の旅』（堀淳一　交友社）１９７１

2　既述『鉄道大バザール』（Paul Theroux　阿川弘之訳　講談社）１９７７

3　『地球の歩き方　ヨーロッパ編』（ダイヤモンド・スチューデント友の会編著　ダイヤモンド・ビッグ社）１９８０
ヨーロッパ鉄道旅行を始めるきっかけを作ってくれた懐かしいガイドブック。のちに編集に協力して旅行作家への一歩を踏み出した

4　『全盛時代のドイツ蒸気機関車』（篠原正瑛編著　誠文堂新光社）１９７１
ドイツの蒸気機関車に関して日本語で書かれた空前絶後の名著。バイブル的存在として今なお参考にしている。

5　『森と野と古都の旅　西ドイツ地図紀行』（堀淳一　旺文社文庫）１９８６
鉄道を利用しながら北ドイツの小さな街を気儘にめぐる紀行本。この本で知ったリューネブルクは、のちに訪問することができた。

6　『オリエント急行の殺人』（アガサ・クリスティ　各社）１９３４～
映画には出てこないイスタンブール発車前に乗車したタウラス急行の描写が記憶に残っている。現状では渡航できないエリアを走り、かつては豪華で中東と欧州の連絡ルートだった列車は実に興味深い。

7　『ロシアから愛をこめて』（イアン・フレミング　井上一夫訳　東京創元社）１９６４
オリエント急行の描写はクリスティよりもリアルだ。ワゴン・リ寝台車の旅は永遠の憧れである。映画ではカットされたシンプロントンネルからフランスへ向かう列車旅も映像化してほしかった。

8
『Dの複合』（松本清張　新潮文庫）　１９７３
昭和30年代の国鉄の様々な列車が登場し、清張の文章を読んでいると、一緒に旅をしているような気分になってくる。当時の時刻表を使って、作中人物の足跡をたどるのが楽しい。

9
『ヴァイキングの祭り、霧のカレリア』（五木寛之　各社）　１９６９～
北欧へ向かう列車旅の描写を読むと、たぶん乗ったことのある路線だと思い至った。列車旅は本筋とは関係ないものの、北欧への憧れが生まれた懐かしい作品群である。

10
『津軽』（太宰治　各社）　１９４４～
五能線や津軽鉄道を行ったり来たりと、太宰治は郷里の鉄道を縦横に乗りこなして移動している。半世紀以上も前の作品ではあるが、車窓風景はそれほど変わっていないようで、親しみを持って読み進めることができた。

鉄道アーティスト　小倉沙耶

もしかしたら〝元祖〟？　明治女性と心通わせた憧憬の本

『ある明治女性の世界一周日記』野村みち　2009

小倉 沙耶　こくら さや

1980（昭和55）年、愛知県出身。タレント。幼少の頃より、母の実家があった長崎との往復で特急「さくら」に幾度も乗車し、鉄道への興味を持つ。2002（平成14）年より、「鉄道アーティスト」として活動を開始。テレビ・ラジオ出演や執筆活動のほか、鉄道イベントの司会や企画、講演なども行っている。モットーは「鉄道に関わる全ての方が、笑顔でいられるためのお手伝い」。2009（平成21）年より明知鉄道観光大使。2022（令和4）年より一般社団法人交通環境整備ネットワーク審議役。都市交通政策技術者・鉄道コンテナアドバイザーとしても活動中。

この本との出合いは「日本初の鉄子はいったい誰なのか、どの時代に誕生したのか」という疑問からだった。鉄子や女子鉄と称される女性の鉄道愛好家は、現在では目立った存在ではないが、私が鉄道趣味に完全に開花した1990年代後半は、まだ珍し気に見られることも多かったし、どうやら鉄子という言葉が生まれたのも1990年代初頭だったようだ。しかし、数は少ないながら、鉄道が好きだという女性はもっと昔から存在していた。鉄道好きな男性を呼ぶ「鉄ちゃん」に対して、元来使用されていた女性鉄道愛好家の呼び名は「道ちゃん」であったし、過去の鉄道雑誌にもちらほらと女性のお名前を見かけた。だが戦中・戦前まで遡ると、状況はガラリと変わる。そもそも戦中は、鉄道趣味が取り締まりの対象となることもあった。また、趣味に興じること自体が咎められた。そして戦前は、女性蔑視がまかり通っていた時代。料理や裁縫のような女性の教養ともなりうることは薦められても、そのほかの趣味、ましてや鉄道なんてもってのほかだったろう。鉄道趣味自体が高尚だったということもある。今で言う乗り鉄や撮り鉄など、高い文化水準と資産がなければ難しかった。日本の鉄道趣味人の嚆矢となったのが、三菱財閥の2代目総帥岩崎弥之助の三男である岩崎輝弥と、東京渡辺銀行創設者渡辺治右衛門の四男である渡辺四郎だったことからも窺い知れる。

この本の著者である野村みちの経歴を簡単にお伝えしたい。明治8（1875）年に生まれ、小学校卒業後、キリスト教の学校に入学したみちは、外国人宣教師に英語を学ぶ。

卒業後は、母の勧めもありアメリカ留学を予定していた。しかし親族全員に反対され断念。その後、横浜の実業家野村洋三と見合い結婚し、不在がちな夫に代わり外国人相手の古美術商店「サムライ商会」の女将として手腕を振るう。結婚後の１９０６（明治39）年、美術品の買い付けのため夫とともに中国を訪れた。これが、初の海外旅行だった。翌々年、朝日新聞社が企画した「世界一周会」という団体旅行に参加。その旅行について日記という形で綴ったのが、この書籍である。

世界一周会は日本初となる世界一周団体旅行であり、費用は一人２３４０円。当時の大学初任給は35～40円だったそう。まずもって、旅行代金を準備できること（しかもみちは夫とともに参加したので金額は二倍）が一つのステイタスとなる。さらに、五十人という枠に対し、八十人近い応募があったそうだ。そのなかから身辺調査や比較研究が行われ、晴れて野村夫妻はメンバーに選ばれた。

96日間の旅行は、１９０８（明治41）年3月18日に横浜港からスタートした。ハワイを経由し、4月3日にアメリカのサンフランシスコに上陸。みちは学生の頃から憧れていた地に、ようやく降り立つことができた。読み手の私は、ここからようやく陸路となり、彼女が海外の鉄道に乗るその心情などを早く読みたいと、ページを繰る速度が自然と速くなる。

サンフランシスコからオークランドへとフェリーで渡り、その後、本来ならばチャーターした自動車で巡る予定だったが、出払っているとのことで、急遽特別仕立ての電車で周ることになんて羨ましい！　そしてみちはこの部分の描写できちんと「電車」と書いている。自身が乗車した列車が電車なのか客車なのか、きちんと理解されているということだ。これは、教養の度合いもあるが、本人が気にしていなければ全て「列車」と書いていてもおかしくないだろう。鉄道好きの心情として、みちが仲間であってほしいと思うが、まだ同志と呼ぶには早計か。

この書籍は元々、出版するために書いたものではなく、帰国後、あらゆる形でお世話になった方々へ、世界一周の楽しさを分かち合いたいという気持ちで、日記として記したものだ。そして、道中のできごとや会話などはメモを取ったものではなく、ほとんどが記憶に頼っているという。みちは、女性が手帳を手にメモをとるのははしたないと考えていた。

それを踏まえて、さらに読み進める。客車・貨車・機関車などの使い分けもきちんとされているし、列車が航送されている様子を説明している時には、

「我が国にはまだこのような設備はありませんが、本州と九州の間にある関門海峡でこの仕組みを使い鉄道を連絡させようと主張している方がいると噂で聞いたことがあります」

と書いている。みちは日本にいるときにも、鉄道の情報を収集するアンテナが立っていた

のだ。関門航路で貨物輸送を行っていた宮本組を率いる宮本高次の発案により、下関〜小森江間で日本初の貨車航送が行われるようになったのはこの三年後、1911（明治44）年のことである。

ああ、やはりみちは日本初の鉄子と言っていいのかもしれない。ただ、明確に好きとは言っていないし、鉄道の知識があることと趣味人であることはイコールではない。ううむと唸っているうちに、みちはニューヨーク湾から自由の女神像を愛で、大西洋上へ。イギリスへと渡り、ここでも一行のために仕立てられた特別列車や様々な列車に乗車。さすが団体旅行と言うべきか、目が回りそうな勢いで様々な場所の見学やアトラクションがスケジューリングされているが、その合間を縫って、みちは「サムライ商会」の取引先などを回っている。

英語圏を離れると、各国の滞在日数が少なかったり言葉が通じないこともあるのか、如実にページ数が減っているのだが、スイス第三の都市、バーゼルの路面電車に乗車した描写が面白かったので取り上げたい。

早朝4時起床。バーゼルはライン川畔にある一都市で、河向こうはもうドイツです。（中略）迷子にでもなれば一行の迷惑になってしまうと考えた結果、私たちは豪胆にも電車

に乗り込みました。行くあてもないのでありあわせの銀貨を車掌に渡し、落ち着き払って窓から往来を眺めておりました。するとある電停で電車が停まり、車掌が私たちに何か言います。どうやら、ここで降りろと言っているようです。きっと渡した銀貨分の距離に達したのだろうと一同電車を降りました。そしてしばらく辺りを散策し、再び電車に乗って無事ホテルへと帰館しました。町の人とは一切言葉を交わさず、行って帰ってきたわけです。我ながら可笑しいことでございました。

これは、今でいう乗り鉄そのものだ。内田百閒が阿房列車の冒頭で記した「なんにも用事がないけれど、汽車に乗って大阪へ行って来ようと思う」と同じく、向かう場所に用があるのではなく、ただ乗車して車窓を楽しんでいる。海外で言葉も運賃も分からぬまま列車に乗車するのは、現代でも少し勇気がいることだ。単身でないとはいえ、早朝から乗り鉄を楽しみ、我ながら可笑しいことでございましたと書くみちに親近感を覚えた。

結局、彼女が鉄道を好きなのかどうかは、最後に綴られたシベリア鉄道乗車の日記を読んでも分からなかった。けれども、明治時代の女性が世界各地の列車に乗って旅をしたこと、そして彼女に鉄道の知識があったのは事実。

もしも現代の鉄道をみちと旅するなら、どこにお連れしようか。世界一周に旅立つ前年に九州鉄道が国有化されたことも、きっとご存じだろう。九州鉄道が、実はアメリカのブリル車に豪華客車を発注していたけれど、国有化によって活躍が幻になってしまったんです。そんな「或る列車」が現代に気動車という形で蘇ったんですよと申し上げたら、喜んでくださるかしら。読了後に、そんな妄想を膨らませたくなる一冊だった。

みちが旅だった横浜港。戦前は、国際航路の拠点だった
提供：公益社団法人神奈川県観光協会

素敵な会話が楽しめそう

車両のデザインにも釘付けかも

もし、今、みちさんがいたら、「或る列車」に乗って色々なお話しをしてみたい。
（2枚とも著者撮影）

本当の夢の形と、夢を持つ大切さを学んだ

『DREAM TRAIN　写真家が見た旅とカメラと夢の記憶』中井精也　2012

『DREAM TRAIN』は、鉄道カメラマンの中井精也氏が、鉄道で旅をしながら、旅先で出会った人の写真を撮らせてもらい、その人の夢を聞くというシリーズ作品だ。鉄道が運ぶ人の「思い」を聞き出したいと考え、様々な尋ね方があるなか、思いを夢になぞらえて、「あなたの夢はなんですか？」

と、その方の意思を引き出している。これは、中井氏が以前から続けていたものだが、この書籍『DREAM TRAIN』では、日本最北端である稚内から、南の端となる枕崎まで、彼が普通列車で旅した19日間7044㎞の旅の記録と記憶を、読者が追体験できるようなつくりになっている。また、リアルタイムな疑似体験も可能だった。中井氏のTwitterでは、ハッシュタグ #DREAM TRAINを用い、この旅のレポートを行っていた。最初にこのハッシュタグで呟かれた

「いよいよ明日から全国横断ドリームトレインの旅がスタートします」

というツイートを見た時、まるで自分が旅をする前夜のように、胸が高鳴ったのを覚えている。また、この企画では旅程もTwitter（Facebookとも連携）で詳らかにされていた。

「7日予定：稚内6：24／4326D→音威子府8：40―9：53／4328D→名寄10：54―10：59／324D→新旭川12：39―12：52／4525D→愛別13：30―14：29／4527D→上川14：57―15：49／特快きたみ→遠軽17：13　#DREAM TRAIN」

これは出発前日の夜に呟かれた、初日の乗車列車だ。この列車に乗るのはどんな人なんだろう。どんな話が聞けるんだろう。そして、自分もこの列車に乗れば、つかの間だが夢を共有できる…傍観者ではなく当事者になれる可能性と喜びがある。それも、この企画の魅力の一つだった。

中井氏が稚内から枕崎までの片道切符を手に旅に出たのは、2011（平成23）年11月。東日本大震災から八ヶ月が経過した頃だ。未曽有の災害により、多くの犠牲者を出し、日本中が悲しみに暮れた。心に傷を負い、辛い気持ちで過ごす方も多いなか、中井氏は夢と笑顔を探しに稚内発の列車に乗り込んだ。

期待を胸に中井氏が最初に乗り込んだキハ54の車内には、誰も乗っていなかった。すんなりとたくさんの夢に出会えると思っていたが、現実は厳しい。どうなることかと固唾をのみながらページをめくると、兜沼からようやく初めての乗客が。ということは、稚内市の中心部である二つ目の駅、南稚内からの乗客もゼロだったということで、三十分以上一人で列車に揺られていた中井氏の気持ちに思いを馳せてしまう。夢を語った初老の女性は、この辺は人がいなくて人恋しいと呟く。そのページには、鈍色の空と寒々しい沿線風景が写っていた。少し心細い、旅のはじまり。

読み進めると、老若男女、様々な方の夢が語られる。たくましさを感じる青年の夢、まさに今日夢が叶ったというグループ。四十分話を聞いたあげく、夢なんか無いよと笑うおばちゃん。そのどれもがリアルで、だからこそ少しずつ、読んでいる自分の心にも、誰かの夢の力が注ぎ込まれていくのが分かる。

とはいえ、誰もが口を開くわけではない。確率的に、OKしてくれるのは五人に一人程度だという。笑顔が印象的で、人の心を掴むのが上手な中井氏だが、断られるのはやはりへこむそうだ。誰にも頼まれていない旅。話しかけなくても、誰にも怒られない。自分自身との戦いだ。硬くなった心を、語ってくれた誰かの夢が溶かしてゆく。追体験する自分の心も、解かれていくようだ。

先に、中井氏の旅は東日本大震災から八ヶ月経った頃にスタートしたと書いた。書籍中には、震災に触れられた箇所がいくつかある。ふるさとに戻りたい、夢はふるさとの復興です…まだ日が浅く、話す方も聞き出す方もかなりセンシティブな話題だったはずだが、夢を語る人々の写真は穏やかな笑顔。夢は、希望だ。前を向く力。だからこそ、辛い話題であっても、勇気をもらえる気がするのだ。

たくさんの夢に出会いながら、日本列島を南下する中井氏。彼にとっても、一読者である私にとっても印象的な夢を語る女子高生に、美濃太田駅で出会う。彼女の夢は「明るく生きていきたい」。話を深堀りしてみると、看護系の大学に合格したばかりだという。ならば夢は看護師なのではないかと尋ねると、彼女は、それは職業であり夢とは違う、と言うのだ。夢は、あれがしたいこれになりたいという明確なものだけでない。ハッとし、今まで自分が夢だと思って描いていたものは本当に夢なのかと、自問自答した。欲望と夢の違い。そもそも違いはあるのか。はたしてキラキラしたものだけが夢なのか。奥が深い。

書籍の大筋は、列車で出会った人々の夢を尋ねるものだが、中井氏の旅日記的な要素も強い。また、冒頭にも記したように、道中のできごとや心境をＳＮＳやブログなどで公にしていたことで、応援に訪れる方も多く、そのやりとりも微笑ましく綴られている。広島で多くの方が中井氏に渡した激励のもみじまんじゅう、計四十三個。疲れた中井氏の前に予告なく現れた、小学校の同級生。夢を聞いた人だけでなく、会いに来た人、ＳＮＳで応援している人…たくさんの夢を載せたDREAM TRAINは、指宿枕崎線・枕崎駅に到着。

この本は私にとって、自分の心身の立ち位置を再確認し、心のなかに鮮やかな夢への路線図を描くためのカギとなっている。辛い時、悲しい時、心がすり減った時、そして慢心しそうな時、怠惰な時…夢に霞がかかりそうな、様々な心の荒天時に、進むべき路線のヒントを与えてくれる、時刻表のような存在だと思う。辛いニュースも多いなか、本を開けば、そこには笑顔がある。夢がある。なんと素晴らしいことか。

あなたの夢はなんですか？　もしもこの先、列車で中井氏と乗り合わせてそう聞かれたら、胸を張って答えられるように生きていきたい。

私の「忘れられない鉄道の本」

1　既述『ある明治女性の世界一周日記　日本初の海外団体旅行』（野村みち　神奈川新聞社）２００９

2　既述『DREAM TRAIN　写真家が見た旅とカメラと夢の記憶』（中井精也　インプレスジャパン）２０１２

3　『モハようございます。あの人はなぜ鉄道にハマるのか?』（吉田一紀　オーム社）２００８
乗り鉄、撮り鉄など、鉄道趣味の分野や方向性は様々。分類ごとに、各方面の趣味人へインタビューしながら掘り下げた一冊。小倉沙耶も趣味のベクトルについて熱弁。

4　『私有貨車 岩堀春夫写真集』（岩堀春夫　ないねん出版）２００２
今では見られない、様々な荷主の様々な貨車たち。圧倒的にタンク車が多い。車両の写真が数多く紹介されるなか、最後に掲載された写真が酒田港駅の貨車解体現場というのも、切ない気分になって、それはそれで良いのだ。

5　『満鉄を知るための十二章　歴史と組織・活動』（天野博之　吉川弘文館）２００９
満鉄発注マークの古レールについて調べるなかで出合った、私のなかの「満鉄バイブル」。女性の就業状況について述べられた章では、社歌と並んで愛唱された「満鉄婦人社員の歌」の紹介も。

6　『鉄道「大百科」の時代』（南正時　実業之日本社）２０１７
昭和50年代、鉄道の「大百科」を読んで目を輝かせていた我々は大人になった。鉄道趣味のイロハを教えてくれた大百科シリーズの誕生エピソードやブルートレイン富士の同乗記など、読み応え抜群!

7
『**マルキ号製パンの光と影　水谷政次郎伝**』（水知悠之介　新風書房）　２００８
石北本線の歴史を語る上で欠かせない「カボチャ陳情団」。石北線敷設延期の報を聞き陳情団を結成した際に、国会陳情への資金提供を行ったのが水谷政次郎だ。彼の石北本線沿線への想いや当時の時代背景がよく分かる書籍。

8
『**レールの旅路**』（太田幸夫　エフ・コピント・富士書院）　１９９４
北海道の鉄道史を、古レールから辿った一冊。どんなレールマークがあるのか、製造会社や発注会社、そして保線のことなど、レールのことが体系的に分かるつくりとなっている。古レールに興味を持った方へお薦め。

9
『**鉄道構造物探見　トンネル、橋梁の見方・調べ方**』（小野田滋　ＪＴＢ）　２００３
この本を読み、私は鉄道構造物愛好家になった。同郷である小野田滋氏による、鉄道構造物を愛で、研究するにはどうすれば良いかが手に取るように分かる本。竹筋コンクリートのことについて書かれているのも興味深い。

10
『**時刻表昭和史　増補版**』（宮脇俊三　角川書店）　１９９７
昭和という激動の時代を、時刻表と宮脇氏の思い出によってひもとくことができる。幼い頃から鉄道が好きだった宮脇少年の視点は微笑ましく、だからこそ各年代の時刻表はこのようになっていたのかと頷くこと多々。

鉄道ライター 池口英司

賛同も批判も同じ重み、そんな編集哲学を授かった

『ミキスト』山崎喜陽　１９６４年

池口 英司　いけぐち えいじ
１９５６（昭和31）年東京都出身。鉄道ライター、カメラマン。幼少の頃より鉄道に興味を持ち、鉄道趣味歴60年以上を自覚。さらに旅から収集、模型まで、あらゆるジャンルに踏み込む鉄道趣味の生き字引。日本大学藝術学部写真学科卒業後、出版社勤務を経てフリーライター。主な著書に『さらに残念な鉄道車両たち』（２０２２年　イカロス出版）などがあるほか、鉄道雑誌などに多数寄稿。日本写真家協会会員。

鉄道模型を通じて説いていた、真摯な理念

タイトル名の『ミキスト』とは「Mixed Train」が転化したもの。すなわち、混合列車の

ことを指している。本書は月刊『鉄道模型趣味』誌に、同誌の初代主筆であった山崎喜陽が同名のタイトルで連載した評論を集めて書籍化したもので、本書では同誌の通巻2号から126号まで掲載された記事を収録している。採り上げる話題は、毎月変わるということで、混合列車というわけだ。

『鉄道模型趣味』は、長くわが国随一の鉄道模型専門誌として発行が続けられてきた月刊誌で、1946（昭和21）年6月に孔版印刷を採用して創刊。翌年2月に活版印刷に方式を変えて再スタートを切り、同誌ではこの「新1号」から通巻番号をカウントしている。

『鉄道模型趣味』が創刊された1946〜1947年と言えば、まだ日本の社会は終戦直後の混乱のさ中にあり、当時の思い出で語られ続けているのが、市民を巻き込んだ終戦直後の物不足、そして食料不足である。そのようななかで、鉄道模型という高貴な趣味の月刊誌が創刊されていることはまことに驚くべきことであるが、この時代の多くの人が、戦前から長く続いていた統制の時代が戦争の終結によって終わり、日本の社会に真の自由が訪れたことの喜びが、たとえ高い苦難が目の前にあったとしても、当時の知識人を本作りに駆り立てたのだろう。

『鉄道模型趣味』の創刊と同時に、山崎はそれまでOゲージが主流だった日本の鉄道模型

たかが鉄道模型、されど鉄道模型。鉄道模型の世界から学んだものは大きかった

を、ＨＯゲージへと舵を切る中心的役割を果たす。軌間32㎜、縮尺１／43〜１／48のＯゲージは日本の家屋で運転するには大き過ぎ、その半分の大きさであるＨＯ（名称の由来はHalf Oから）こそが日本にふさわしいとし、さらに山崎は日本のＨＯゲージモデルで縮尺１／80を採用することを提唱した。これは諸外国の車両と比較して車両が小ぶりに作られている日本の鉄道車両を、海外の鉄道車両と同じ16・５㎜幅のレールの上で運転できるように考えてのもので、同じ幅のレールの上で世界各国の鉄道模型を楽しめる考え方を、総じて「16番」と称した。後には、軌間16・５㎜、１／80の模型を「16番」と呼ぶ誤解も生じているが、ともあれ、山崎が選択したこの考え方は、日本の鉄道模型の普及に大いに役立ったはずである。

連載が続いた『ミキスト』で採り上げられた話題は、

もちろん、鉄道模型の世界、あるいは鉄道の世界に関わる様々なものだが、その目論見の通りにテーマは毎回多岐にわたっており、時には「HOゲージを採用すべきか、Nゲージを採用すべきか迷っている」という小学生の手紙を採り上げた人生相談のような内容になることもあった（この話題は比較的後年のもので、本書には収録されていない）。そのような子どもの悩みでも、「趣味なのだからどちらでも良い。それぞれに良さがある」という回答にならないところが山崎の真骨頂で、日本の鉄道模型の現状を踏まえ、将来の可能性、あるいは鉄道模型という趣味が、一人の人間の生き方にどう関与するものなのかまで考察する。鉄道模型とは、単に鉄道車両を模型化したものではないと繰り返し説き、事あるごとに日本の数十歩先を進んでいるものと思われるアメリカの鉄道模型、鉄道趣味人の生き方を紹介して新たな目標として掲げ、鉄道模型が一人の人間が一生を費やしても極めることができない奥の深い趣味だと説く。現代の趣味の雑誌にしばしば見られる「気軽に、手軽に」という説法とは百八十度逆と言うべきで、読者への迎合は皆無である。山崎のその真摯な姿勢があったからこそ、『鉄道模型趣味』誌は、長く、多くのモデラーの評価を得たのだろう。まさに、毎月一ページの随筆が、人を育て続けたのである。

かくいう私も、毎月の『ミキスト』には強く惹かれた。時には模型界に対し苦言、批判を展開する姿勢は、当時はまだ中学生だった私にも痛快で、雑誌を作るという仕事はこういうことだと信じ、そのような評論が掲載されることのない他の鉄道趣味誌のスタイルは不思議議で、大いに物足りなくも感じたものだった。その後巡り巡って、私自身が本を作る仕事に携わるようになったわけだが、生まれて初めて自分のお小遣いで買うようになった月刊誌が『鉄道模型趣味』でなかったら、私の本作りに対する認識も、だいぶ違ったものになっていたはずである。その意味では『ミキスト』は、まさに私の人生の恩人だった。

『鉄道模型趣味』誌での『ミキスト』の連載は1993（平成5）年10月で終了し、山崎も2003（平成15）年11月に逝去したが、その姿勢は1964（昭和39）年に発行された本書でも読み取ることができるのが大きな魅力である。まだ今日ほど物が豊富でなかった昭和20年代、30年代に、「明日の鉄道模型は今日よりも必ず良くなる」という山崎の根底に流れているのだろう信念が、読む者の心を打つ。

翻って、今日の日本の鉄道模型、あるいは鉄道趣味の世界の、なんと混沌としていることだろう。物と情報が溢れ、本書のなかで山崎が「もしもこんな製品が作られたなら…」と記したアイテムが、今は続々と登場している。山崎が繰り返して技法を解説し続けた「鉄道模型で二つの列車を同時に運転する方法」は、今はコンピューター制御によって簡単に実現する。それも二つの列車どころではなく、二百五十六列車の同時運転さえ可能になっている。

それでも、現代の鉄道模型が『ミキスト』の時代よりも豊かな趣味となったのか、と問われれば首を傾げざるを得ない。確かに物は豊富になったが、鉄道模型に何を見出すか、この趣味をどのように昇華させるのかという設問に対する答えは、むしろ衰弱しているようにさえ感じられる。それは取りも直さず、現代人自らが目標を失っていることに拠るものなのだろう。いつの時代にも優れたリーダー、プランナーは重要な存在であり、それが皆無の世界は時に衰退する。本書にそのような示唆を読み取るのは、穿ち過ぎというものなのだろうか。

先にも記したように本書は１９６４（昭和39）年の発行で、現在は古書店などで入手するしか方法のない古書とはなっているが、品物の多寡が時代を経て大きく変わったとしても、人々の趣味を見つめる精神、鉄道模型を、鉄道を愛する心は、今日でも何も変わることがないはずだ。今よりももっと鉄道という趣味を深く楽しんでみたいと考える人ならば、きっと数多くのヒントを、この本のなかから見つけることができるに違いない。もちろん、私自身がその一人だと思っている。

人物描写に欠けていたことを、気づかせてくれた

『闇を裂く道』吉村昭　1987

推理小説への物足りなさ、それを教えてくれた吉村作品

戦艦武蔵、高野長英、間宮林蔵、小村寿太郎など、日本の歴史のなかに大きな足跡を残した人物、あるいは出来事をテーマとして数多くの小説を手掛けた吉村昭による、鉄道を舞台とした小説。東海道本線丹那トンネルの着工から完成まで、建設工事に携わった人々の十六年におよぶ苦闘が描かれている。

吉村昭の小説には、偉業を成し遂げて脚光を浴びた人物よりも、その陰で働いた寡黙な人物を主人公として採り上げる傾向が強く、それも吉村作品の大きな魅力となっているが、この作品では落盤事故に遭いトンネル内に閉じ込められながらも、冷静に指示を出し続け、自身を含め17名を生還させた飯田清太がその一人だろう。それでも、吉村は飯田をことさらに英雄扱いすることはなく、ひたすらに冷静な人物として描く。トンネル内に延びるパ

イプを叩いて生存者がいることを外部に伝え、必ず助かると仲間を励まし、脱出用の坑道が出来上がって救出者が現れた時には、まず仲間に目隠しをさせる。一週間の間、暗い闇の中に閉じ込められていた人間がそのまま外に出ると、目が潰れてしまうからであった。そんな人々を描く吉村の筆も常に冷静で、物語は淡々と続く。そのなかに、意志を曲げることなく生き続ける登場人物たちと、吉村自身の強さを読み取ることができる。

世の中に鉄道を舞台にした小説は多い。古くはアガサ・クリスティの『オリエント急行殺人事件』がそうだし、松本清張も『点と線』の成功を機に、たびたび鉄道をトリックの題材に選んだ。昭和後期以降には松本作品の延長上にあると考えられる鉄道ミステリーが量産され、ベストセラーとなっている。あれだけ数多くの作品が発表されたのだから、それが売れていた、読者の支持を得ていたということだろう。そのことに文句を言うつもりはない。

けれども、列車の進行方向がどこかの駅で変わることや、時刻表からは読み取ることのできないいわゆる運転停車が、本当に殺人という凶悪な犯罪を隠す隠れ蓑になるものだろうか？　多くの人が利用する鉄道を、犯行の現場にする必要などない、これが量産された鉄道ミステリーの決定的な弱点と私は思っている。なるほどアガサ・クリスティーはオリエント急行という列車を殺人の現場に選んだが、それは複数の人間が閉じ込められた密室として選ばれたもので、この複数の人間が同居していることが、物語が展開する上での重要な鍵となっているのである。

初めて読む作品とはトラウマになるものか、そんなわけで、高校生時代に最初に読んだミステリーが、まず人間像を描く松本清張の作品群であったから、後年に登場する鉄道ミステリーは私には実に物足りなく、それは文学作品ではなく、言葉を使ったパズルに過ぎないとさえ感じていた。いやはや、鉄道も舐められたものだと。

そんななか、私が『闇を裂く道』を読んだのは、これが鉄道を舞台にしたものではなく、吉村作品であったことが最初の理由であったが、そのクオリティは期待にたがわないものだった。この作品は丹那トンネルの建設工事という鉄道の現場を舞台にしたものであったが、そこに描かれているのは、

『闇を裂く道』は、長大トンネル建設に関わる多くの人々のドラマが描かれている。丹那トンネルへ入る特急「はと」1959.4.7

あくまでも人間の闘いである。豊かな水が湛えられていたという丹那盆地が、その間下にトンネルが掘られたことで渇水状態になり、その一方でトンネル建設現場は恐ろしいほど大量の湧水に悩まされ続ける。それでも技術者は工事を止めることをしない。どのような困難に直面しても、技術者は逃げることをしないのである。着工から十六年を要して丹那トンネルは開通し、一番列車が通過する。そこで物語が終わる。

この作品を読んで、ようやく鉄道を扱った小説にも、一級の作品が登場したと思った。翻ってみるならば、世の中に星の数ほど出ている鉄道をテーマにした文章のなかに、いったいどれほどのヒューマンストーリー、つまり人間の苦闘、苦しみ、葛藤を描いたものがあるのだろうか、と。吉村昭は歴史文学を多く残したが、鉄道の専門家ではない。それでは鉄道を主戦場としている多くの書き手（私も含めてということになるのだろうが）は、いったい何をしているのだろう？　と、そんな焦りにも似た思いにも駆られたのが、この作品だった。その意味では、実に大きな転機ともなったのだった。

トンネル工事に関して、直接工事関係者に伺ったことがある。現在は開通したある路線の建設現場を取材した時に、現場長の話を訊くことができた。そこでは、陸上のトンネルとしては日本屈指となる長大なトンネルが掘られていて、最新の技術によって作られた掘削機は、二十四時間体制で毎時数センチの単位で掘り進んでいるのだと言い、計算ではトンネルが開通するのはそれから数年後ということだった。現場長は「開通したら、私もすぐに列車に乗って、自分たちが掘ったトンネルを通ってみたいと思っています。高速で走る現代の列車のことですから、私たちが何年もかけて掘ったトンネルをきっと数分で通り抜けてしまうでしょうね。けれども、鉄道の建設工事というのは、そういうものだと思っています」と話してくれた。丹那トンネルの時代も今も、鉄道に携わる技術者の気概というか、心意気というものは、何も変わってはいないと、この作品を読んで感じる。

『闇を裂く道』には、飯田の他にも何人もの人物が登場するが、そのいずれもが虚飾のない吉村の筆で爽やかに描かれている。思えば司馬遼太郎の『坂の上の雲』に登場するロシア・バルチック艦隊の提督ロジェストヴェンスキーは帝政ロシアの崩壊を象徴するような暴君だが、同じテーマで吉村が書いた『海の史劇』では、長い航海を統率した指導者として一定のリスペクトを払って描写されている。どちらの作品も小説、すなわちフィクションであるから、その真偽のほどは読者自身が確かめなければならないということになるのだが、私は後者を評価したい。

吉村にはほかに黒部峡谷鉄道の、いわゆる「上部軌道」の建設工事をテーマにした『高熱隧道』という作品があり、これも『闇を裂く道』と同様のテーマを扱っているから、鉄道好きであれば興味深く読み進めることができるだろう。

『闇を裂く道』は、確かに私の読書遍歴のなかでの一つのターニングポイントとなった。そして、列車で丹那トンネルを通過する時も、色々な想いが胸に浮かぶようになったのである。

私の「忘れられない鉄道の本」

1　既述『ミキスト』（山崎喜陽　機芸出版社）1964

2　既述『闇を裂く道』（吉村昭　文藝春秋）1987

3　『点と線』（松本清張　各社）1958～
やはり名作。何故ならそこに人が描かれているから。トリックだけの推理小説に、いったい何の価値があるのだろう。

4　『オリエント急行殺人事件』（アガサ・クリスティ　各社）1934～
最後の探偵の言葉ですべての謎が氷解する。そして、その言葉への、まわりの人の返答が素晴らしい。これが文学。

5　『木曽森林鉄道』（松本謙一、永沢吉晃 監修　プレスアイゼンバーン）1975
まだ森林鉄道がマイナーな存在だった時代に、これだけの写真を撮っていた人がいたことに感謝。記録とは芸術である。

6 『**日本の鉄道車輌史**』（久保田博　グランプリ出版）2001
この著者の視線はいつもクール。それは国鉄に在籍した自身への問いかけでもあるのだろう。そんな視線で日本の鉄道史を振り返る。

7 『**日本国有鉄道百年史**』（日本国有鉄道修史委員会編　日本国有鉄道）1969～1974
日本国有鉄道の歴史を膨大な情報量とともに振り返る。国鉄の「社史」であることから、記述に偏りもあるが、読み物としても面白い。

8 『**国鉄繁盛記**』（青木槐三　交通協力会）1952
〝青木物〟とも形容される、新聞記者による評論集。日本国有鉄道が健在だった時代の、さまざまな裏話を紹介。

9 『**HOゲージペーパー車体集**』（技術出版社）1967
ページを切り抜けば模型が完成するという謳い文句は、実は子供には難題。それでも、多くの少年の夢を紡いだ名作中の名作。

10 「**岡田喜秋作品群**」
日本を代表する紀行文作家の作品群で、特に『日本の秘境』（創元社　1960）に学生時代に感銘を受けた。ただ現場に赴き、風景を描写しただけでは紀行文にはならない。そのことをここから学びたい。

放送作家　**渡辺雅史**

時刻表はいつも、最高の読み物だった

『トーマスクック　オーバーシーズタイムテーブル』
『JNR時刻表』
『JR北海道ダイヤ』

渡辺 雅史　わたなべ まさし
1975（昭和50）年、埼玉県出身。放送作家、フリーライター。放送作家として『爆笑問題の日曜サンデー』（TBSラジオ）に関わる。小学4年生より各地の鉄道路線を乗り潰す旅を本格化。大学時代にJR全線に乗車。2005年頃までに国内の鉄道路線全てに乗車。主な著書に『銀座線の90年』（2017年　河出書房新社）、『東京駅コンシェルジュの365日』（2020年　交通新聞社）。

『JNR時刻表』編集哲学と時代に惹かれる

国鉄の分割民営化が行われた1987（昭和62）年4月。当時の弘済出版社から発売されていた『大時刻表』が、新しく誕生する鉄道会社の編集する全国版の時刻表へと生まれ変わった。4月に発売された1987（昭和62）年5月号からは『JR編集時刻表』となったが、3月下旬に発売された4月号はJR発足前ということで、唯一の『JNR編集時刻表』として発売された。それまでの国鉄（JNR）が、監修ではなく編集する貴重な時刻表ということで、当時、記念的な意味合いもあり購入した。春休みの「国鉄謝恩フリーきっぷ」を使った旅行計画などを練るためにボロボロになった3月号の時刻表とは対照的に、この号は紙が黄ばんでいるものの、現在もいい状態で自宅の本棚に保存してある。

唯一の『JNR時刻表』が発売された頃、国鉄最後の日は北海道にいた。特急「おおぞら」の前面には「さよなら日本国有鉄道」のエンブレムが掲げられていた

1987（昭和62）年3月31日発の急行「大雪」で、日付を跨いだ乗客限定で配られた絵馬（筆者所蔵）

この時刻表が発売された１９８７（昭和62）年３月は、私がこども料金で鉄道に乗れる最後の月ということで、溜め込んだお年玉を一挙に放出し、北海道旅行へ行くことを計画。新幹線のグリーン個室で大阪へ行き、大阪から青森まで特急「白鳥」に乗車、連絡船で北海道へ渡り、道内に住む親戚の家に泊まったり、急行「大雪」に乗るなどして一人旅を楽しんだ。だが、ＪＮＲ編集の貴重な時刻表を旅の友にする勇気はなかった。

しばらくの間は、大切に保管するだけだった時刻表のスゴさに気づいたのは２００１（平成13）年のこと。３月のダイヤ改正で大阪〜青森の特急「白鳥」が廃止されると聞いて、あの頃の時刻表を見返してみようとページをめくったのがきっかけだった。

まず気づいたのは、「特急」の歴史を感じる編集だということだ。新幹線のページ、特急のページ、東海道本線、中央本線、紀勢本線と読み進め、湖西線・北陸本線のＬ特急「雷鳥」「しらさぎ」「加越」がズラリと並ぶあたりで違和感を覚え、東海道本線のページに戻り、急行「ちくま」、急行「のりくら」などを見て気がついた。指定席のある急行列車には「指定席マーク」である座席を模したマークがあるが、指定席のある特急列車にはそのマークがないのだ。25ページに紹介されているマークの「凡例」を見ると、指定席マークは「急行・快速列車の普通車の一部車両が指定席」との説明があった。

日本に鉄道が誕生して以降、国鉄の特急は全ての列車が全席指定席だった。一方、急行は自由席が主体の列車が多かった。特急に自由席が誕生したのは、東海道新幹線が誕生した翌年の１９６５（昭和40）年のことだ。この「特急の標準は指定席、急行の標準は自由席」という考え方から、現在も特急の指定席を買った時のチケットには「特急券」、自由席は「自由席特急券」、急行の指定席は「急行券・指定席券」、自由席は「急行券」と表記されている。そんな考え方がＪＮＲ編集版で蘇っているのだ。

１９７２（昭和47）年に房総特急の「しおさい」、「わかしお」、「さざなみ」などが誕生。１９８５（昭和60）年には東北本線に「新特急なすの」、高崎線に「新特急谷川」、「新特急草津」、「新特急あかぎ」が誕生と、自由席主体の特急が続々デビューするなか、「特急＝指定席」の方針で作ろうという表記方法は、実にＪＮＲ編集らしさを感じさせる一面だ（ちなみに、グリーン車以外は全席自由席の「新特急あかぎ5号」の時刻を見ると「普通車全車自由席」の表記がある）。そこで後日、国会図書館でバックナンバーを調査したところ、弘済出版社発行の大時刻表１９８７（昭和62）年3月号、日本交通公社発行の国鉄監修時刻表１９８７（昭和62）年3月号、どちらの時刻表でも特急列車に指定席マークの表記があった。ということは、特急指定席マークに関しては誌面編集の際、国鉄がこだわりを持って行ったことであると私は考えている。あれから三十五年。当時の編集の様子を知る方がいたら、ぜひ聞いてみたい話題だ。

その後、『JR時刻表』1989（平成元）年3月号より特急列車にも指定席のマークがつけられるようになった。国鉄時代のルールを頑なに遵守するのではなく、利用者の使い勝手を優先する。こちらも民間会社であるJRらしい柔軟性を感じさせる。

続いて気づいたのは、巻頭の索引地図。JRバスの主要なバス停が黒文字になっていることだ。これは現在の『JR時刻表』にも引き継がれているが、JRの鉄道路線の駅名と同じ色でバスの停留所が記されているのは、国鉄バス時代より主要なバス停が「自動車駅」として機能していたからだろう。また、群馬県の草津温泉駅（バスターミナル）にみどりの窓口があることとも関わりがあるかもしれない。

他にも、新幹線、昼間の特急、東海道本線（東京～米原）の次に、中央本線（名古屋～長野）、関西本線（名古屋～亀山）、紀勢本線（亀山～新宮）、湖西線・北陸本線と並べる斬新なページ構成や、当時はまだまだ少なかった夜行高速バス、昼行高速バスを「高速バスのページ」としてひとまとめにしているところなど、読み返してみるとオリジナルの時刻表を作ろうという思いが節々に感じられた。

今回の執筆にあたり、改めてページをめくってみた。すると、今度は2001（平成13）年に読み返した時には気づかなかった表記に目が止まった。JRニュースの12ページ目、小海線のMG（マザーグース）TRAIN運行の告知文は、このようなものだった。

「ヤングギャルやカップルに大人気の小海線に、この春トンデル列車が走ります。名前はMG（マザーグース）TRAIN。カワユーイ新企画のおみやげものを満杯に詰め込んで、八ヶ岳高原ラインを走ります。高原のフレッシュなムードの中で、『もうサイコー!』」。

当時の「新しいことをやろう」という気持ちをヒシヒシと感じる。でも、今読むと滑稽でもある。私のようなおじさんが若い人に送る絵文字満載のLINEの文章を連想してしまったが、それほど言葉というのは生き物であり、この時刻表が発売されて三十年以上経ったという歳月の長さでもあろう。時刻表は時代も表すのだと、改めて思った。

読めば読むほど、国鉄マンたちの編集哲学を感じるが、こうして時代とともに新しい見どころに気づくのも面白いところ。『JNR編集時刻表』はこれからも大切に保存し、今後も時間があったらページをめくりたい一冊だ。

机上で世界旅行ができた『トーマスクック　オーバーシーズ時刻表タイムテーブル』

大学生の時にＪＲ全線に乗車。私鉄で乗っていない線もあとわずか、という２０００（平成12）年頃。台湾、韓国の鉄道にたて続けに乗車して、海外の鉄道の魅力に引き込まれた。そんな時期、八重洲ブックセンター本店の洋書コーナーで出合ったのがトーマスクックの時刻表。その存在は以前から知っていたものの、まずは国内の鉄道を全て乗車することからと考えていたのと、英語力が全くと言っていいほど無く読みこなせる自信がなかったので購入を見送っていた。だが二回の海外旅行中、日本人が全くいないローカル線に乗りまくって変な自信がつき、クックの時刻表に手を出そうと決断した。

まず買ったのが赤の時刻表。確か当時も時刻表の記号などを日本語で説明したバージョンが販売されていたが、そのことを知らなかったため赤の英語版を購入。高校3年生の頃、大手予備校が主催する模擬テストで偏差値19を記録した自分がどこまで読みこなせるか。『ＪＲ時刻表』を使うような感覚でヨーロッパの鉄道乗り継ぎプランを作ることができるか。不安はあったものの、開いてみると、時刻、駅名、列車番号といったものは日本の時刻表と同じ。索引地図に路線や地名が記されているので、英語力がなくてもスラスラ読めた。

そこで早速、もしユーレイルパスを使ったら10日間ほどでどこまで回れるかというプランを作成。年末年始の休みを使ってロンドンからウイーンまで、９泊10日（うち車中泊７泊）

の鉄道旅に出かけた。

　列車は遅延する可能性があるので、ホテルで宿泊予定のチューリッヒとハンブルクの事前予約はなし。21時過ぎに駅に到着してから駅構内にある案内板でホテルにあたりをつけフロントで直接交渉。「ワン・ナイト」という言葉と、ユーロのマークである「€」を記した付箋とペンを渡すと価格交渉もスムーズに行うことができた。イタリア南部のとある駅の無人の待合室で、23時過ぎに一人でベネチア行きの夜行列車を待っていたら、大声を出しながら男が待合室に。私には見えない何かと壮絶なバトルを繰り広げて……なんて体験も刺激的で、いろんな国の鉄道に乗りたいという思いが一層強くなった。

　この鉄道旅行を終えて購入したのがトーマスクックの青の時刻表『オーバーシーズタイムテーブル』だ。アメリカ、アフリカ、アジア、オーストラリアの主要路線の鉄道の時刻が記された、まさに世界を旅するための時刻表。赤の時刻表で読み方のポイントをつかんでいたので、難なく読み込むことができた。

　この時刻表を見て「乗りたい！」と思った列車は249ページ、トルコのページに乗っていた国際列車。イスタンブールのアジア側のターミナル、ハイダルパシャ駅を22時55分に出発し、三日後の18時45分にイランの首都、テヘランに到着する「TRANSAYSA EXPRESS」。

私の蔵書の一つ『トーマスクックオーバーシーズタイムテーブル』。（筆者所蔵）

イスタンブール発、テヘラン発とも毎週木曜日運転のこの列車の最大の魅力は、トルコ東部の街、タトワンから列車を船に載せて、ヴァン湖を横断すること。前述のヨーロッパ旅行の際、ハンブルクからコペンハーゲンへ向かう国際列車に乗った際、船に列車が積み込まれる体験をしたが、その時の船旅は一時間弱で列車の乗車時間も五時間程度。対して、この国際列車は三泊四日で、途中四時間の船旅だ。

さらに、アフリカのページをめくると、タンザニアの首都、ダルエスサラームからザンビアのリビングストーンへ。国境にあるヴィクトリア滝を通ってジンバブエの鉄道を乗り継ぎ南アフリカに入国。ケープタウンまで鉄道の乗り継ぎだけで行けることが分かった。こちらのプランは七泊ほど。

どうしても乗りたい。国際線の飛行機の時刻表と、格安航空券の販売価格を検討した結果、アフリカプランは航空券の高さで断念。トルコ・イラクのプランはアエロフロートロシア航空の行きが成田〜モスクワ〜テヘラン、帰りがイスタンブール〜モスクワ〜成田という格安チケットを発見。具体的なプランを作り込み、仕事の調整がつき次第、出かけようと考えていた。

しかし、そこは20代後半のフリーライター。海外の列車に乗るために休みを取ることより、今後の仕事のつながりを考えて仕事を受けているうちに年月が経過。さらに国際列車が走る地域の政情悪化や、青の時刻表の休刊などで列車が運行されているかどうかも不明となり、乗りたいという思いだけを抱えたまま現在に。

他にも、中国の北京を出発してベトナムのハノイへ向かう列車や、アメリカのカリフォルニア州とフロリダ州を結ぶ大陸横断のアムトラックなど、気になる列車がたくさんあったが、行こう行こうと思いつつ二十年が経過してしまい、コロナや円安で海外旅行へのハードルが高くなってしまった。

この時刻表は私にとって、見るたびに計画を立てていた当時のワクワク感、現在に至るまで実行できていないという残念な気持ちなど、様々な思いが交錯する一冊だ。それでも、机上で世界旅行ができる、楽しい時刻表には変わりない。

北海道ならではの情報が満載だった『JR北海道ダイヤ』

　中学1年生の時、列車内で夢中になってページをめくったのがこの時刻表だ。両親がともに北海道出身のため、私の親戚は道内各地に住んでいた。小学4年生の3月に両親から北海道への鉄道一人旅を許可された私は、夏休み、冬休み、春休みに親戚の家に泊まりながら道内の国鉄（JR）に少しずつ乗車。そして中学1年の12月、青函連絡船の運航終了が翌年の3月に迫ったタイミングで「海峡浪漫きっぷ」という上野〜青森の往復は新幹線、特急の指定席、寝台特急のB寝台が利用可能で、JR北海道の鉄道全線に乗り放題、特急自由席も利用できるチケットを使って、JR北海道の路線全線乗車を達成する旅に出かけた。

　北海道内の鉄道やバスの時刻を掲載した小冊子は全国版の時刻表よりコンパクトで持ち歩きに最適。ただ、北海道内の書店、駅売店などが主な販売場所。都内でも大型書店

青函連絡船の写真が表紙を飾る「海峡浪漫周遊きっぷ」は、今も大切に保管している（筆者所蔵）

国鉄末期〜JR初期、北海道の列車内で車掌に申し出ると、このような乗車記念証がもらえた

や鉄道書籍の豊富な店では取り扱っていたようだが、ネットのない時代の埼玉在住中学生の情報収集力では販売店を見つけることができず、当時は全国版の時刻表で計画を立てて北海道旅行へ出発。函館か札幌でこの時刻表を買うのがお決まりのパターンだった。

サイズ感以外にも、この時刻表を購入するのには理由があった。旭川〜赤平、石狩月形〜江別など、当時は全国版の時刻表に載っていなかったショートカットに使えそうなバスの時刻が掲載されていて、乗り継ぎプランを立てるのに大いに役に立った。インターネットのない時代、バスの時刻はもちろん、路線網がどのように広がっているかという情報やバス会社の電話番号を知る方法は、図書館へ行って全国の電話帳からバスの営業所を調べて問い合わせるしかなかった。そこまで努力したとしても、当時の平日昼間の電話代は高額。自宅の電話を使って問い合わせると電話代がとんでもないことになり、親に怒られる。公衆電話を使っても1000円分のテレホンカードがあっという間に残額ゼロに。月数千円の中学生のお小遣いで北海道へ電話をかけるというのは不可能だ。それが全国版の時刻表の半額程度で購入できるのはありがたかった。

全国版の時刻表には掲載されていない、函館、東室蘭、千歳空港（現・南千歳）、小樽、旭川、釧路の列車の発着番線が記されているのもこの時刻表ならでは。旭川や釧路は乗り継ぎすることが多い駅。「2番線から3番線へ乗り換えるなら1分で余裕」「（高架化前の）旭川は1番線がメインの改札に面しているので道北バスへの乗り換えはこの程度の時間で大丈夫」といったことが計算できた。

そんなわけで、小学4年生の時に道内版の時刻表を購入して以来、北海道へ出かけるたびに購入。最新の全国版の時刻表で鉄道の時刻を調べ、古い道内版の時刻表でバスの時刻にあたりをつけて仮のプランを作成。現地で計画を修正するということをやっていた。

手元にあるものを改めて見直すと、時代を感じる情報がたくさん載っている。巻頭のカラーページには札幌、室蘭、音威子府など、道内の主要駅の電話番号を記載。さらに飛行機に対抗すべく販売されていたであろう、東京都区内～札幌市内の往復割引きっぷの情報が出ている。東京発、札幌発どちらでもＯＫ、14日間有効で3万2930円。東北新幹線～L特急はつかり～特急北斗と特急の指定席を乗り継いでもＯＫ、寝台特急「北斗星」や寝台特急「はくつる」

『JR北海道ダイヤ』の使いどころのひとつは、道内の要衝駅の乗り換えだった　旭川駅　1997.6.26

のB寝台（個室を除く）に乗ってもOK。盛岡、青森、函館で一旦改札の外に出るのも可能で、郡山、福島、仙台、盛岡で東北新幹線から寝台特急に乗り継ぐこともできるという。当時は全線乗車を果たすべく寄り道をしていたため、このきっぷにまったく興味を持たなかったが、もし今も販売されていたら、このきっぷを何度も利用していただろう。

ネットの普及で時刻の検索が手軽になったことや、赤字路線の廃止でJR北海道の路線が減ったことなどもあったのであろう。残念ながら『JR北海道ダイヤ』は2004（平成16）年に休刊となってしまったが、北海道限定の時刻表は交通新聞社が『北海道時刻表』として現在も刊行中。鉄道やバスなどの情報が豊富なエリアを絞った時刻表はコンパクトで情報も多く、旅に役立つアイテム。道内の旅行中はカバンに入れておきたい一冊だ。

私の「忘れられない鉄道の本」

1　既述『**JNR編集時刻表**』（弘済出版社）　1987

2　既述『**トーマスクック・オーバーシーズタイムテーブル**』（トーマス・クック社）

3　既述『**JR北海道ダイヤ**』（JR北海道）

4　『**京急時刻表**』（京浜急行電鉄ほか）

〝ダイヤ式時刻表〟と呼ばれる、どの駅で追い抜きが行われるかが一目瞭然のダイヤグラムのような誌面が印象的だった。

5　**中国の鉄道時刻表**

2000（平成12）年から中国の書籍を扱う店で見かけたら購入している。高速鉄道網がものすごい勢いで広がっていくので、最新号を購入するたび、索引地図に新たな路線が加わって楽しい。

6　**韓国の鉄道時刻表**

韓国へ鉄道旅行に行ったのを機に、2000年ごろから書店で年一回ペースで購入。韓国国鉄の未乗区間乗車の計画を何回も立案したが、実行する機会がないまま2012（平成24）年に廃刊となってしまった。

7　『**トーマスクック・ヨーロッパタイムテーブル**（日本語解説付き版）』（ダイヤモンド・ビッグ社）

2002（平成14）年の正月にユーレイルパスを使い、14日間乗り倒した際に徹底的に読み込んだ一冊。日本語による基本的な読み方の説明が『オーバーシーズタイムテーブル』を読みこなすのに役立った。

8
『西武鉄道時刻表』（西武鉄道株式会社）
埼玉県入間市在住の自分にとって欠かせない時刻表。１９８２（昭和57）年発売の第４号より毎号欠かさず購入。かつては西武バスの時刻や路線図も掲載された充実した一冊だった。

9
『近鉄時刻表』（近畿日本鉄道株式会社）
私鉄の全線乗車を目指す際、一番読み込んだのがこれ。生駒ケーブルの宝山寺～鳥居前の運転本数が少なく、乗り継ぎプランを立てるのに苦労した。

10
『名鉄時刻表』（名古屋鉄道鉄道事業本部）
最初に購入したのは中学生の時。当時の時刻表の種別の欄にある「高速」の文字に、関東在住の自分はワクワクした。

5章

考えさせられた・忘れられない

人生のシフトチェンジ、とは大げさかもしれませんが、大人になってから色々と思い直したり、考えを新たにしたりする機会はあるもの。そのきっかけの一つが本であるケースは、事の大小を含めごく一般的に経験することでしょう。本を読むと必ず何か得られるものだし、それを自分なりに咀嚼すると、また一つ成長したような…。当章では、そんな人生の積み重ねのワンシーンに存在する鉄道の本について、語ってもらいます。

国会議員 前原誠司

【インタビュー】

撮ったり乗ったり…。鉄道趣味人生とともにある雑誌と本たち

『SLダイヤ情報』 1972
『門鉄デフ物語』関崇博 2009

前原 誠司 まえはら せいじ
1962（昭和37）年4月30日生まれ、京都府出身。政治家（国民民主党）。1993（平成5）年に衆議院議員総選挙に京都一区から出馬して初当選。以後、国土交通大臣、外務大臣などを歴任する。幼少の頃から鉄道好きで写真の趣味を持ち、鉄道写真の写歴の深さはつとに知られる。国会議員きっての鉄道通、レイルファンとして知られ、今も全国に蒸気機関車の撮影に出かけている。

蒸気機関車には他の車両には無い心の高まりを感じる

国鉄が動力近代化計画に着手したのは1960（昭和35）年の事で、全国で運転されて

いる蒸気機関車を1975（昭和50）年度までに全廃することが掲げられた。この計画が公表された時は、まだ遠い先のように思われた蒸気機関車の全廃は、時を経るごとに現実味を帯びていき、昭和40年代の「SLブーム」が生まれた。この時代には、それまでは蒸気機関車はもちろんのこと、それまで、鉄道に興味を示さないでいた人たちも、にわかにカメラを持って全国に出かけ、もうすぐ消えてなくなる蒸気機関車の姿をカメラに収めた。

あれから四十五年以上、あの時代の熱狂を懐かしむレイルファンは多い。国鉄蒸気機関車の全盛期は知るよしも無いが、限られた線区でわずかに残っていた蒸気機関車は、見ることさえ難しくなりつつあっただけに、ひときわ輝いて見えたのである。

「私は京都の出身でしたから、地元でファンの注目度が高かったのは山陰本線京都口ということになるのですが、残念ながら山陰本線に蒸気機関車が動いていた時代は知りません。私が行ったのは、関西本線の柘植、亀山、奈良の機関区に撮影に出かけたことをよく憶えています。それから少し足を延ばして、紀勢本線の紀伊田辺ですね」

と語りだす前原さん。やはり蒸気機関車への思い入れはひときわ強いそうだ。蒸気機関車の思い出が次々に出てくる。

「自分自身の原点となっているのは、関西地区で集煙装置を付けて働いていたD51形なのです。

機関車の号機の個性として、デフレクターの違いに注目するファンは多い。写真はJR東日本新潟支社が会社発足20周年のファンサービスとして、C57 180を門デフ仕様にしたもの　新津車両センター　2007.10.12

あと、亀山にはC57形がいましたし、C58形もいました。私はC55形とC57形が好きなのですが、それではきれいなC57形はどこにいたのかというと九州です」

その九州のC57、ひときわ強い思い出があるそうだ。

「〝門デフ〟が好きでした。それで、小学校5年生のとき、日豊本線の南宮崎電化の直前に四泊五日で南九州を巡る旅をしたんです。この時は、機関区ばかりを回り、南延岡、宮崎、志布志、都城、吉松、と行きました。九州のC57形は門デフを装備していた機関車が多く、C57形のなかでもひときわきれいに見えましたね」

ここでまず「門デフ」について説明しておくべきだろう。簡単に言うと、門とは門司、デフとはデフレクターのことである。

デフレクター、日本式の名称では「除煙板《じょえんばん》」。煙突の横に取り付けられ、走行中の機関車の先頭部に上昇気流を起こすことで、機関車が吐き出す煙を上に上げ、機関車の運転室、客車の方向に流れることを防ぐ装置だ。縦長の板が取り付けられるのが標準的なのだが、国鉄時代の門司鉄道管理局小倉工場で独自に設置されたデフレクターは、ドイツの蒸気機関車にならってデフレクターの下半分を切り取った独特の形状だった。その効果は、実は通常のスタイルのものとさして変わらず、資材を節約する効用が大きかったとも言われるが、見た目にはスマートで、多くのファンの人気を集めたのである。マイカーなどでも色々なオプションをつけて個性を誇示したりするが、これと似ていて、ファンにとっては、そんな違いを見つける面白さや、自分好みのスタイルを見つける楽しさがある。殊に、ボイラーが細身で均整が取れたプロポーションのC57形は「門デフ」がよく似合う機関車だと言われた。こうしたちょっとしたこだわりに魅せられる前原さん、さすがにレイルファンならではの知見をお持ちである。

「今でも、休みの日には山口線、磐越西線、釜石線などへ、鉄道好きの仲間と撮影に行っていますよ。おすすめは釜石線の『ＳＬ銀河』ですね。蒸気機関車を見ていると。他の鉄道

車両には無い気持ちの高まりを感じることができます」

蒸気機関車の話を楽しそうに話す前原さんは、俗に言う「撮り鉄」。写歴も長いだけに、腕前もなかなかだ。

では、そもそも鉄道になぜ興味を持つようになったのだろうか？

「子供の頃に住んでいたのが、叡山電鉄の沿線でした。特に、修学院にある車庫のすぐ近くに家があったのです。ですから、電車を見ながら育ったということになります。しかも、当時はまだ緩いところがあって、車庫のなかに侵入して、遊んだりしていても、怒られなかったんですね」

車庫の近くで育ったので鉄道が好きになった、という思い出はよく聞く話だが、車庫のなかでよく遊んだ、というのは、さすがにあまり聞かない。さながら最高の〝鉄育〟を受けていたことになる。でも、車庫にあるのは電車ばかりだったはず。なぜ、蒸気機関車に？

「そうしているうちに、父が京都の梅小路に連れていってくれたのですね。１９７２（昭和47）年。ちょうど『鉄道百年』の年です。そこには全国から蒸気機関車が集められていました。電車には無い音や煙の迫力にすっかり魅せられてしまいました」

現在の京都鉄道博物館の前身にあたる、梅小路蒸気機関車館である。しかも同館の開館日は、1972（昭和47）年10月10日だ。

「それで蒸気機関車を見たい、撮りたいと強く思うようになりまして、父親にせがんで関西本線に連れて行ってもらいました。それから関西圏のあちこちへ行くようになりました」

一人で？

「自分一人で行くと言ったら、"お前にはまだ早い"と言われまして、父親同伴です（笑）」

『SLダイヤ情報』と"少年・前原誠司失踪事件"

そうやって蒸気機関車への熱意が高まった前原さん。その時代にご覧になっていた鉄道の本は？

「私は当時、雑誌がとても好きでした。今のようにインターネットなど無い時代ですから、毎月発行される雑誌には最新情報が満載。もう、毎月が楽しみでしたね。月刊『鉄道ファン』や『SLダイヤ情報』をよく読んでいました。

鉄道開業100周年を記念して1972年10月10日にオープンした梅小路蒸気機関車館（現在の京都鉄道博物館）。1972.10.10

毎月、買われていたのですか？

「いえいえ、子どもですからお小遣いが少ししかもらえず、簡単に本を買うことができませんでした。ですから、発売日になるとまず書店に行って立ち読みをする。そして、その号が気に入ったら買うわけです。この時代の本は、もうボロボロになっていますけれど、いまでも京都の家の本棚に収まっています。でも、『SLダイヤ情報』は復刻版が発行されたので、買いました。これは保存用です」

そのなかで、思い出深い一冊となると？

「いや、それはもう『SLダイヤ情報』です。この雑誌には強烈な思い出がありまして。小学5、6年生の時でしたが、両親の郷里があった鳥取県の境港へ、私一人で旅に出ました。旅慣れた方ならご存じでしょうが、京都から境港までとなると、乗車するのは山陰本線と境線です。京都からキハ58系の急行『白兎』に乗って、米子で境線に乗り換えるのですが、時刻表を見ればその行程は分かります。そこで、境線の列車が境港駅に着く時間に、伯父と伯母が駅に迎えに来る予定だったらしいのです。ところが私は、D51形が牽く貨物列車同士が山陰本線の玉造温泉で交換する事を突き止めていました。これを知ったのが『SLダイヤ情報』だったのです。だから、どうしてもその交換風景が撮りたい！　そこで急行

『白兎』を米子で降りることはせず、玉造温泉まで行って念願のD51形が牽く貨物列車の交換風景を撮りました。この時に止まっていたのはD51形の158号機で、これは紀伊田辺で撮ったことがある機関車でした。この列車と交換する列車を牽いていたのはD51形の473号機です。この機関車は長野工場式のデフレクターを装備した機関車です。なかなかのシーンでした。ただ、この計画変更は前もって口にすると、また反対されるだろうと思いまして…」

黙っていた？

「ハイ（苦笑）。無事撮影を終えて玉造温泉から米子まで戻って、意気揚々、境線に…。ところが、境港に着くと家族親戚一同、大騒ぎですよ（笑）。乗っているはずの列車に誠司が

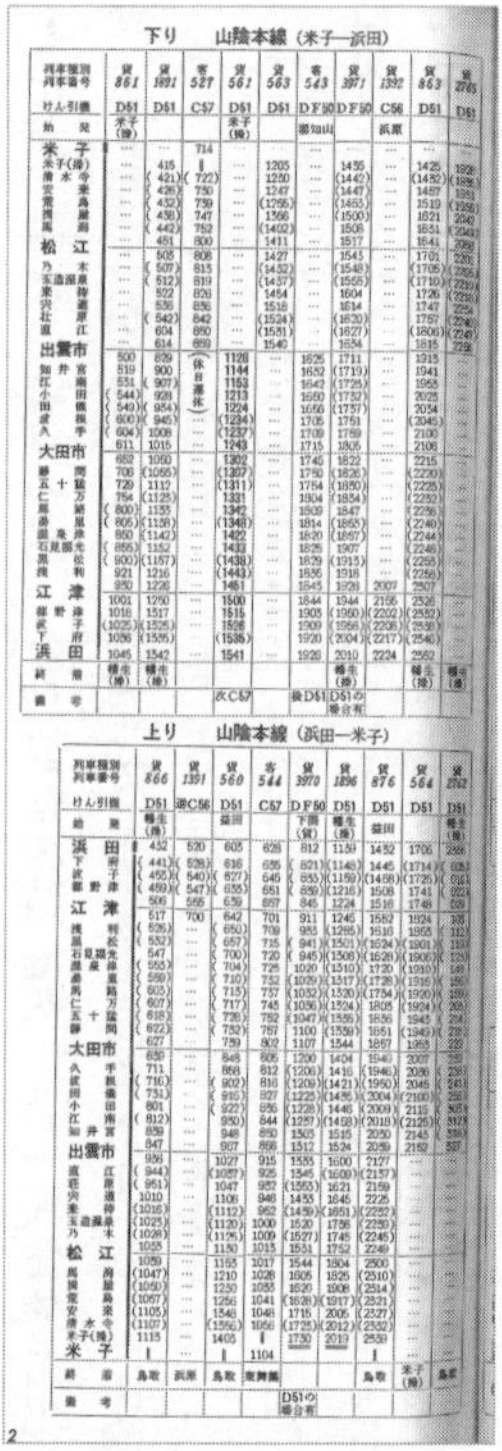

下り　山陰本線（米子―浜田）

列車種別 列車番号	貨 861	貨 1891	客 527	貨 561	貨 563	客 543	貨 3971	貨 1392	貨 863	貨 2765
けん引機	D51	D51	C57	D51	D51	DF50	DF50	C56	D51	D51

上り　山陰本線（浜田―米子）

列車種別 列車番号	貨 866	貨 1391	貨 560	客 544	貨 3970	貨 1896	貨 876	貨 564	貨 2762
けん引機	D51	逆C56	D51	C57	DF50	D51	D51	D51	D51

国鉄のSL全廃を前にしたSLブームのなか、蒸気機関車の撮影者用の情報を載せた『SLダイヤ情報』より

乗っていない！と…。もう大目玉を食らいました。今のように携帯電話や、メールもLINEも無い時代のことですから」

一冊の雑誌のわずかな文字から、色々なエピソードが生まれるものである。

撮るけれど乗るのも楽しい。これぞ鉄道の魅力

国鉄から蒸気機関車が姿を消したあと、学生時代は野球部に属していたこともあって、前原さんは鉄道趣味に対して熱が少し下がった時もあったそうだが、再び上昇させたのが、函館本線でのC62形の復活であったという。

「函館本線でC62形が復活するという話を聞いた時、失われた時間が戻って来るのだという感慨がありましたね。ですから、函館本線で復活したC62形も、二回ほど撮りに出かけましたよ。そのうち、一回は新婚旅行で家内と出かけました」

奥様と趣味が同じ？

「いえ、実は家内には内緒だったのです」

境港失踪事件に続き、今度は〝新婚・前原誠司詐称事件〟？（笑）

「家内は、こういう旅をするつもりは無かったようで…。まぁ、当然ですよね。それ以来、

家内は私の撮影旅行に付き合ってくれなくなっちゃいました（笑）」

色々な〝事件〟をユーモアたっぷりに、茶目っ気たっぷりに語る楽しそうな前原さん。つくづく、趣味は人の本性を見せてくれるものだと思う。

「でも、この時は家内にカメラを渡して蒸気機関車の写真を撮ってもらいました。これがなかなかいい出来で、雑誌にも載ったのですよ」

と、ちゃんとフォローも忘れない。さすがです。

魅せられたのはＣ62だけ？

「いえ、国鉄から蒸機が無くなったあとは、やはり機関車ですね。ＤＦ50形を撮っていました。紀勢本線や土讃線です。京都から自転車で四国へ撮影旅行をしたこともありましたよ。その後は、東海道本線のＥＦ58形ですね。この機関車はスタイルが良くて、今でも大好

多くの長距離列車が廃止されたなか、特急「サンライズ出雲・瀬戸」は、夜行列車の旅情を味わうことができる貴重な列車。前原さんは、京都～東京の移動に活用することもあるという

蒸気機関車廃止後は、個性的な機関車を追った前原さん。DF50を撮影に、自転車で四国へ旅をしたこともあるそうだ。写真は宮崎区のDF50が最後の修繕を終えて出場する「さようなら出場式」　小倉工場　1979.5.29

きですね。昔は京都に行けばＥＦ58形を見ることができたし、この機関車の晩年、竜華機関区にも何回も行きました」

ところで、カメラを置いて、乗り鉄も楽しみますか？

「もちろんです。好きな列車は色々ありますが、やはり夜行列車は乗っていて楽しいですね。今は数少なくなってしまいましたけど。石破茂先生は『出雲』に千回乗ったとおっしゃっておられて、私はとてもそれには及びませんが、その『出雲』の流れを汲む『サンライズ出雲・瀬戸』は今でも大好きです」

忙しい身なので、なかなか夜行列車の旅を楽しむことはできなそうですが。

「そうですね。でも、今も時々『サンライズ』には乗りますよ。京都から東京に出る時ですね。新幹線上りの最終に間に合わなかった時、京都からいったん快速で大阪まで行って、そこから上りの『サンライズ』に乗って東京に向かうのです。こうすると、翌朝、いい時間に東京に着きます。ただ、上り『サンライズ』は夜遅い時間の発車ですから、旅情を味わう

前原さんが忘れられないという大阪～札幌間の特急「トワイライトエクスプレス」。ランチやディナーコース、パブタイムなど、食堂車は人気だった

まではいきませんけどね。でも貴重な夜行列車ですし、鉄道旅行の醍醐味に接することができます」

思い出の列車は?

「『トワイライトエクスプレス』ですね。大阪から札幌まで旅した時間は本当に楽しかったですね。食堂車に行ったり、北海道の大地や日本海を眺めたり。こうした寝台列車については、これからも時代にあわせながらでいいから、復活させてほしいと思っています」

忙しい議員活動と鉄道愛

…と、雑誌に始まって話題は乗り鉄に。どんな話題でも、好きゆえに持つ愛情たっぷりに鉄道を語る前原さんの姿が印象的だ。忙しい議員活動との両立も難しいと思うが。

「例えば選挙前とか、国会開催中などは出かけることができませんが、一段落したら、山口線や磐越西線に蒸気機関車の撮影に出かけたりしています。段々と時代が進んで、蒸気機関車の復活運転も難しい世の中になっているのかもしれませんが、JRの方をはじめ、関係者の皆さんの努力と熱意には本当に頭が下がります。鉄道愛を持ちあわせておられる方もたくさんいらっしゃって、応援したいです。磐越西線は、先の豪雨災害で鉄橋が流出し

「鉄道の本は大好きです」と語る前原さん

て残念なことになってしまいましたが、また撮りに、乗りに行きたいです」

　と、力強い鉄道援軍ぶりである。最後に、最近読んだ本について伺った。

「最近、目を通した本で印象的だったのが、関崇博さんが書かれた『門鉄デフ物語』という本ですね。二百十六両あるという門デフ式の蒸気機関車の全機について、特徴とかが書かれています。この本は二冊購入して、一冊は東京の家に、一冊は京都の家に置いてあります」

　東京と京都の両方に置いてあるとは！

「私の場合、趣味活動を始めると熱中しますから（笑）。それはともかく、レイルファンの方なら分かっていただけると思うのですが、例えば機関車なら○○形式と言うよりは、○○号機で語りますよね。実は号機それぞれに物語があること、レイルファンはよくご存じですし、好きになって、その違いを知ると、さらにそれを追いたくなるものです。そんな号機それぞれの〝個性〟を露わにしている面白さが、この本にはありますね」

思えば門デフ式の機関車を追って九州へ四泊五日の旅。ほとんどが夜行列車での移動だったというほど、レイルファンならではの強行軍だったそうだが、実は、この旅行に付き合ってくれたのが、他ならぬ父だったそうだ。

「境港での”前科“がありますから、コイツは一人にはしておけない、と思っていたのでしょう」

と、父の温かみを思い出すかのように振り返る前原さん。実は中学生の時、父を亡くしている。頼もしかった父の姿を、書影に重ねているようにも見えた。

ジャーナリスト 小林しのぶ

鉄道趣味への応援賛歌に共感

『鉄道趣味人の世界』池口英司　２０２２

小林 しのぶ　こばやし しのぶ
千葉県出身。フードジャーナリスト、旅行ジャーナリスト。「食」や「郷土」に関わる風俗、民俗、文化を中心に取材活動を行う。そのなかで、駅弁の食べ歩きは30年以上に及び、食べた駅弁の数は5000を超えるといい、〝駅弁の女王〟とも呼ばれる。新聞、雑誌、書籍、ウェブなどに連載、著書多数。また、テレビ、ラジオへの出演や講演なども多い。主な著書に『ニッポン駅弁大全』（2005年　文芸春秋）、『全国五つ星の駅弁・空弁』（2009年　東京書籍）がある。

長いこと駅弁の食べ歩きをして、駅弁の本を何冊か出させていただいているおかげで、鉄道についてのコメントを求められることがたびたびある。〝鉄女〟とか〝女子鉄〟のベテランだと思われているんだろうな。駅弁は鉄道と切っても切れない間柄だから仕方ないのだけれど、私は鉄道のハード面の知識はほとんどゼロ。最近は〝食べ鉄〟という言葉もできたので、分野としてはそこに入るのだろう。しかし「四季島」や「ななつ星」などの豪華グルメ列車に乗ったことはないし、メインは駅弁。やはり〝駅弁愛好家〟や〝駅ベニスト〟が適当なところだろう。

前置きが長くなったが、最近あまり読書をしていない私がおもしろくて一気に最後まで読んでしまったのが『鉄道趣味人の世界／池口英司』（交通新聞社新書）だ。そもそも〝鉄道趣味人〟とは何ぞや？　そういう言葉があるのだろうかと色々検索してみても、出てくるのはみな池口さんの新書タイトルである。ははん、〝鉄道趣味人〟は池口さんの造語であるな？

第2章の「鉄道趣味人たちの生き方」のなかに、「多くの鉄道趣味人に話を聞いてみると、鉄道が好きになるきっかけとして比較的共通しているのが、『子どもの頃住んでいた家の近くに線路があった』というものだ。」という一文が登場する。そうそう、まさにそうなのよ。生まれてから物心つくまで成田線の佐原駅近くに住み、毎日父に肩車をされてＳＬを見に行ったこと。同じ成田線の椎柴駅近くには叔父が住み、夏休みは従姉妹と走り去る

SLやディーゼル機関車に向かってよく手を振ったことを思い出す。子どものころから身近に鉄道があり、いつか鉄道にかかわる仕事をするようになった。あれ？　私も〝鉄道趣味人〟なのかしらん。

同じ2章に、工業デザイナーの井上晃良さんの話が出てくるが、井上さんの一番の思い出が「早朝の松江駅で食べた、炊き立てのおこわ」だという。これは松江の駅弁「大山おこわ」ではないだろうか。1901（明治34）年創業の駅弁調製元「一文字家」には「大山おこわ」という名物駅弁があり、それはそれはうまい。鳥取県西部の郷土料理でもあり、もち米に刻んだしいたけや油揚げ、ごぼう、栗、こんにゃくなどを混ぜて、だし汁や醤油で炊き込んだごはんで、夜行寝台で到着した朝ならなおさらホッペが落ちただろう。一度井上さんに尋ねてみたい。ちなみに私の駅弁の師匠・林順心さんも「大山おこわ」が大好きだった。

第4章の「鉄道趣味の今」は大変興味深く読んだ。〝乗り鉄〟〝撮り鉄〟〝呑み鉄〟〝食べ鉄〟は自分にとって身近だが、〝廃線鉄〟〝秘境駅鉄〟〝コレクション鉄〟〝模型鉄〟（※池口さんは著書のなかでこのように記していない）も独立した「鉄」なんだなあと知らされた。池口さんは少しだけ定山渓鉄道に触れていたが、北海道の廃線の多さには本当に悲しくなる。2021（令和3）年に廃線となった日高本線、増毛～留萌間に続き、2023（令和5）年にも石狩沼田～留萌間の廃止が決まりそうな留萌本線、学生時代に旅をした思い出の羽幌線、天北線、美幸線、名寄本線、標津線…挙げたらキリがない。最近訪ねたのは、明治36年～平成9年の間、中央本線のトンネルとして活躍した山梨県甲州市の廃線跡、深沢トンネル（正式名：深沢隧道）だ。今、トンネルは「勝沼トンネルワインカーブ」として活躍しているというので見学させてもらった。年間を通じて温度6～14℃、湿度45～65％のトンネル内は、ワインの長期熟成にも最適で、約百万本を貯蔵できるという。鉄道とワイン、私は〝呑み鉄〟でもあるので実に興味深かった。

秘境駅は室蘭本線の「小幌駅」だけ訪ねたことがある。池口さんも書いていたが、トイレ問題が切実なので秘境駅には行きづらい。特に女性は躊躇するだろう。私のようにビミョーな年代の婦女子はトイレが近い。かといって紙おむつをするのは滅相もない。ちなみに小幌駅に寄った時も車利用だった。軟弱ですみません。

第5章「鉄道趣味人の終活」は、鉄道趣味人にかかわらず池口さんの終活の考え方として拝読した。写真などの作品にしても、コレクションの物品にしても「破棄」か「譲渡」か、悩む人は多いのだろうか。私は何十年も前から「破棄」と決めている。実際は「破棄」してもらうにも結構な料金がかかるので、葬式代にプラスしてその分の貯金は残しておかないといけないと思っている。

この新書には巻末付録として「未来へ伝えたい鉄道書100」が載っている。説明書きによると「筆者の鉄道書の蔵書約3000冊のなかからセレクトした」とある。3000冊が多いか少ないか、鉄道趣味人にしたら普通なのかもしれないが、その数にのけぞった。やはり池口さんは正真正銘の鉄道趣味人なのである。このセレクト100がとても参考になるのである。解説がわかりやすい。若い頃、大変世話になった関沢新一さん、檀上莞爾さん、辻真先さん、そして駅弁の師匠・林順信さんとの共著も選書にあった。願わくばこの巻末付録、もう少しフォントが大きければありがたいのだが、まだ裸眼でなんとか解説が読める。『時刻表』と『貨物時刻表』が選ばれているのには目からうろこ。たしかに一番世話になっている時刻表、未来へ伝えたい鉄道書の筆頭だ。

最初から最後まで一気に読んでから、二度目はポケットに入れて持ち歩き、ぱらぱらと気になるページを読んでみた。小見出し（テーマ）が二～六ページぐらいで一本立ち、どこから読んでも読み切れる。これからも楽しんで少しずつページを繰りたい。

未来へ伝えたい鉄道の本は、とても多いのです。

日本には無い"地下鉄アート"を堪能

『METRO LISBOA』鷹野律子　２０２１
『SUBWAY ART』Martha Cooper　１９８４

なぜこんなにポルトガルが好きなんだろう。高く青い空、ドレープのような波が寄せる大西洋、そして世紀をまたいで刻々と緩やかに錆びていく風景、何時間でも浜辺で語り合う議論好きな人々。そんな世界に身を置くことが私には実に心地よい、無になれる空間なのだ。

リスボンとナザレには定宿がある。リスボンの定宿はトラムが走る坂道の途中に立つプチホテルで、窓を開けるとすぐ鼻先をトラムが下っていく。近いので、始発から最終電車までゴトンゴットンと走り抜ける音が室内に響く。この音が何とも言えず落ち着ける。始発が通るときはまだベッドで夢の中だが、ゴトンゴットンが聞こえてゆっくり目が覚める。けたたましいスマホの目覚まし時計より何十倍も良い目覚めが得られる。ナザレの定宿は広い浜を見下ろす小さなペンション。階下ではカルド・ヴェルデ（ジャガイモと青菜のスープ）を作るために母さんたちが懸命にジャガイモの皮をむいている。やがてよい香りが階上に上ってきて、私は寝間着をTシャツに着替えて下りていく。

日常の全てが絵になるポルトガル。そんな風景や人物に魅せられ、住んだり通ったりした画家は多い。大御所から新進気鋭のアーチストまでたくさんの作品が見られるが、リスボンの地下鉄駅をキャンバスに、のびのびと、アーティスティックに描かれたアート作品を見るのは楽しい。歩いていると、ときにお伽の世界に飛び込んだような、ときに海中に潜ったような感覚に陥るのだ。そんな駅アートを一冊にしたのが『METRO LISBOA』だ。著者は鷹野律子さん。プロフィールには「陶芸・建築好きが高じて、タイルに魅了される。近年ではタイルの制作も行っている」とある。そう、実はリスボンの地下鉄駅の壁面はタイル（ポルトガル語でアズレージョ）だらけ、さながらタイルのアートギャラリーのようなのだ。リスボンの地下鉄は四本の路線があり、『METRO LISBOA』では路線別に著者がお気に入りの駅を紹介している。

なんと楽しい本だろう。ページをめくるたびに想像がつかないタイルアートが目に飛び込んできて、作者は何を思い、何を表現しているのかと妄想が膨らんでくる。例えば黄色線（ひまわり線）と緑線（カラベル線）が交差するカンポグランデ駅の階段の踊り場や通路壁面には、タイルで描かれた等身大の人物があちこちに点在している。しかし、そのうちのいくつかは、上半身が90度傾いている姿だったり、半身だけ逆さまになっていたりする。タイルの貼り方を間違えたの？　と思うが、故意に配置したものという。エドゥアルド・ネリー（１９３８－２０１３）という芸術家が１９９３（平成５）年に制作したものだ。

青線（かもめ線）のレスタウラドーレス駅に飾られた作品は、原色で描かれたいくつもの直線と曲線が交わり、非常に抽象的で、数百枚のタイルで構成されているとはにわかに信じがたい。作者はナディール・アフォンソ（１９２０－２０１３）で１９５９（昭和34）年の作品だ。ちなみに『METRO LISBOA』で紹介されている駅のタイルアートは、１９５９（昭和34）年から２０１２（平成24）年までの作品。

子どもの頃からあまりアートに縁がない生活をしてきたが、リスボンの地下鉄駅で豪快、かつ繊細なアズレー

表紙デザインだけでも、“地下鉄アート”が堪能できる2冊（筆者所蔵）

ジョを目にしてからは私も鷹野さんと同じようにポルトガルのタイルの美しさ、豊かさに魅了され続けている。紀元前3000年のエジプトを発祥とするタイルがスペイン南部を経由してポルトガルに渡り、今では庶民の生活に欠かせないマテリアルとして、また芸術として育まれてきた。『METRO LISBOA』をぱらぱらとめくりながら、今度はいつポルトガルに行こうかと思いを馳せている。

もう一冊、駅ではなく地下鉄の車体をキャンバスに描かれたアート作品をまとめた本もよく眺めている。『SUBWAY ART』という書名の洋書である。こちらはアメリカ、ニューヨークの地下鉄アートだ。1984（昭和59）年に初版が出ているが、私は1991（平成3）年の再版本をニューヨークで購入した。フェリックス・ザ・キャットやプルート、ミッキーマウス、キングコングなどのキャラクターから泥棒、幽霊まで様々なコミック漫画をスプレーで車体に描いたニューヨークの地下鉄。メッセージやスラング、作者の名前などを記したレタリックの技術も素晴らしく、ただただ写真を眺めては「は〜っ、ほ〜〜っ」と感嘆するのみ。もちろん違法である。

イギリスの日刊紙『ザ・サン』は、「ニューヨークの地下鉄は1970年代までに〝世界最大の落書きボード〟になった」と報じた。ニューヨーク市が警備を強化しても街の〝グラフィティ・アーティスト“らは神出鬼没で落書きを続ける。やっと地下鉄がきれいになったのは1980年代の終わりだそう。

私が初めてニューヨークを訪れたのは1977（昭和52）年。落書きだらけの地下鉄に乗るのは少し怖かった。が、きれいになってからの地下鉄はどこか物足りない。ニューヨークの街自体のパワーも以前ほど感じなくなった気がするのは気のせいか。わずか二十年ほどのニューヨークの地下鉄アート。今ではすっかり昔話だが、地下鉄アート全盛の時代にニューヨークに行けてよかった。この時代に生きていて良かった。

もし私が今、日本の駅や列車の車体に好きな絵を描いてよいと言われたら、千葉のあの駅と、青森のあの列車がいいなぁ。そんなことを思う芸術の秋でした。

私の「忘れられない鉄道の本」

1　既述『**鉄道趣味人の世界**』（池口英司　交通新聞社新書）　2022

2　既述『**METORO LISBOA**』（鷹野律子　大福書林）　2021

3　既述『**SUBWAY AIRT**』（Martha Cooper　An Owl Book）　1984

4　『**東京・市電と街並み**』（林順信　小学館）　1983
明治、大正、昭和の東京の市電のある風景写真や版画、印刷物などが散りばめられており、何度眺めても飽きない。一枚の写真や版画から色々な妄想が膨らんでくる。林順信さんの歯切れ良い文章にも惹かれる。

5　『**銀河鉄道の夜**』（宮沢賢治　各社）　1934～
漫画になった『銀河鉄道の夜』はイメージが膨らんで楽しい。登場人物が全て猫で描かれているので、先入観なく素直にますむらひろしの描く『銀河鉄道の夜』の世界に浸れる。

6　『**僕はこうして鉄道カメラマンになった**』（山崎友也　クラッセ）　2009
広島弁（広島は著者の出身地）を交えてユーモアあふれる文体で書かれているが、〝写真が好き、鉄道が好き〟だけではプロの鉄道カメラマンになれないことを知ることができる一冊。

7　『**紙の上のタイムトラベル　鉄道と時刻表の150年**』（松本典久　東京書籍）　2021
鉄道開通150年にふさわしい資料本として一家に一冊はほしい本。時刻表とは列車の時刻を調べるためのものだけにあらず。読めば読むほど時刻表の魔力に魅せられます。

8　『泰緬鐵道からの生還～ある英国兵が命をかけて綴った捕虜日記』（アルバート・モートン著　ディビット・モートン監修　チームＰＯＷ訳　雄山閣）　２００９
タイ駐留日本軍の捕虜となり、〝死の鉄道〟を敷くために強制労働させられた英兵の日記のような綴り本。へえ、こんな本もあるんだな、と感じた。

9　『寝台特急殺人事件』（西村京太郎　カッパ・ノベルズ）　１９８４
西村京太郎の最初の鉄道ミステリー小説として興味深い。今はなき寝台特急「はやぶさ」の様子も知れて楽しい。

10　『鉄道の旅手帖～乗った路線をぬりつぶしてつくる自分だけの旅の記録』（実業之日本社）　２０１５
なんでもかんでもデジタル化するなかで、「塗りつぶし」という実にアナログな手法で乗り鉄を楽しめるのがよい。

紀行文ライター　蜂谷あす美

人生の輪廻転生とその道中にあるものを考えた

『幻の光』宮本輝　1983
『停車駅有情』水上勉　1996
『真鶴』川上弘美　2009

蜂谷　あす美　はちや　あすみ
1988（昭和63）年、福井県出身。紀行文ライター。高校時代に、通学で利用していた越美北線をきっかけに鉄道への興味を持ち、鉄道雑誌を読み漁る。慶應義塾大学在学中は鉄道研究会に在籍。同大学卒業後、出版社勤務を経て旅の文筆家として活動。エッセイやルポを執筆する傍ら、トークイベントやラジオなどでも活躍中。主な著書に『女性のための鉄道旅行入門』（2019年　山と渓谷社）などがある。

私の人生は読書が先で、鉄道が後だった。幼少期から親に連れられてあちこちに出かけるとか、果敢な一人旅に挑戦する経験は皆無だった代わりに、読書が励行される家庭環境に身を置いていたこと、また近隣に大きな図書館が移転してきたことから、本は身近な存在だった。特に文芸作品は、あれこれと手を出した。ただし当時は地理への関心が薄く、作中の舞台が実在していようがいまいが、歴史ものでも現代ものでもどちらでもよかった。時間的、物理的関係なく、作品舞台は一様に「離れている場所、知らない場所」だからだ。

ところがその後、鉄道趣味に目覚め、あちこち親の敵のように出かけるようになると「ここ！　あの小説の場所だ！」と気づき、興奮する機会が増えてくる。わかりやすい例で言うと、松本清張『点と線』の舞台、福岡の香椎駅前で「ずいぶん寂しいところね」と、一人つぶやく人間と化したのだ。こうして鉄道旅を繰り返し、私のなかにおける鉄分、地理濃度が徐々に高まっていくと、「どこにあるかわからなかった場所」が、具体的な景色とともに浮かび上がってくるようになってきた。読書と鉄道旅が脳内で溶け合い、相互に作用しだしたといえる。すると今度は、架空よりも実在の地名が登場する小説ばかりを読む傾向が強まり、やがて鉄道ものを求めるようになっていった。

そうしたなかで手に取ったのが川上弘美『真鶴《まなづる》』（文藝春秋、２００９年10月）だ。12年前に夫の礼が失踪、日記に残された「真鶴」の二文字に端を発し、主人公の京が東京から真鶴まで赴く。もっとも真鶴に行ったといっても、夫を探したり、その足跡を辿ったりはしない。ただ、ふらふらと町をめぐるだけだ。道中では目に見えない「女」がとりつき、京に話しかけ、そして幻覚を見せる。言ってしまえば、幻想文学の一種である。京は真鶴の時間を通して礼と過ごした日々を振り返り、一つ一つの思い出に触れていく。
なぜ川上弘美は、作品の舞台として真鶴を選んだのか。単に、想いを重ねるだけなら、別の地域でもいいように感じられた。気になると止まらなくなり、答えを求めるかのようにして、私は熱海行きの列車に乗り込んでいた。

中央線に乗ろうとしていたのに、どうしてか東海道線に足が向かい、乗った。熱海まで行って帰って、それでもまだ中央線なら電車はあると思っているうちに、いやに心ぼそくなって、ずいぶん我慢したがしまいに降りてしまった。降りたところが真鶴だった。

真鶴駅は、作品の世界に入り込むには充分の、風情ある佇まいだった（著者撮影）

東京駅から真鶴駅までは、普通列車でも所要およそ90分。運行本数を考えれば、ふらっと行ける場所、満足したタイミングで去れる距離だ。真鶴駅は売店、バスロータリー、それに小さな観光案内所の設けられた有人駅で、作品と相違がなかった。京は駅からバスに乗り、真鶴半島へと向かう。ならば同じ行動をしてみようと「ケープ真鶴」行きの路線バスに乗り込んだ。くねくねと狭い下り坂、続いて海沿い、そして山を登ったところが終点で、先に続く遊歩道を下っていくと、岩場の三ツ石海岸が広がっていた。ひとしきり波しぶきを上げる海を眺めた私は、駅に戻り、聖地巡礼を終えた。まだ日は高かった。そこで気まぐれに観光案内所を訪ね、隣駅、湯河原とのちょうど中間地点に位置する日帰り温泉を教えてもらった。温泉までの道は、斜面にへばりつくような住宅街、ミカン畑の中に続いていた。眼下には海が広がっている。いつでも帰れる距離だけれど自分の居場所ではないと強く感じた。中途半端に近く、日常の延長にあるような気がするものの、普段の生活には、斜面もミカン畑も海もない。私にとって「いつも」を逸脱した場所

なぜ、真鶴なのか。その答えは、現地に行ってわかった気がする（著者撮影）

だった。再び『真鶴』を思い出す。作中でこの地は、現世とは隔絶されたような展開が続いていくのに対して、東京では淡々と現実に即した物語が紡がれる。真鶴の訪問を実体験として落とし込んだことによって、鉄道が日常とそうでない場所を結んでいること、そして「なぜ真鶴か」の答えが見えてきた。本作では京が四度にわたり真鶴を訪問、揺れる心は収斂へと向かい、最後は夫の不在を認める。「喪失から再生」までを描いた物語だ。

それにしたって鉄道の距離感は、「喪失と再生」とどこまで相性がいいのだろう。四つの短編を収めた『幻の光』（宮本輝、新潮社、1983年7月）も、うち二編では、失った存在を想うシーンに鉄道が登場する。

このうち表題作『幻の光』は、阪神電車の線路上で自死した前夫、郁夫に主人公のゆみ子が語りかける形式で進んでいく。死別後は奥能登に住む板前と再婚。尼崎から阪神電車で梅田へ、大阪から「雷鳥2号」で金沢に、さらに七尾線に乗り換え、三時間半かけて作品当時の終着駅、輪島へと至る。

奥能登の天気は気まぐれで、いま気持よう晴れてたかと思うと、にわかに雲と波がふくれあがってきて、あたりを夜みたいに変えてしまう。三年前、わたしが四歳になったばかり

の勇一をつれて、初めてこの地に来た日も、そんな日やった。ひっきりなしに晴れたり曇ったりしながら、半島全体が春から冬に逆戻りするみたいに暗う冷とうなっていくのを、私は金沢で乗り換えた七尾線の電車の中から見つめていました。

ある年末のこと、やはり作品に惹かれるようにして七尾線に乗っていた。本作が発表された1978（昭和53）年当時の七尾線は、金沢から能登半島の先端部、輪島までを結んでいる路線だったが、現在は和倉温泉止まりである。その先の、のと鉄道も穴水駅までしか通じていない。完全一致の追体験、聖地巡礼は難しい。代わりに利用したのが、廃線に沿うようにして走る路線バスだった。バスは雨雪に覆われ、モザイクがかったような窓からは荒れ狂った海が見えた。賑やかな都市、本作でいう尼崎とは対照的だった。

先に取り上げた『真鶴』も『幻の光』も身近な人を失った点では共通している。ただし、京にとっての真鶴は、夫が残

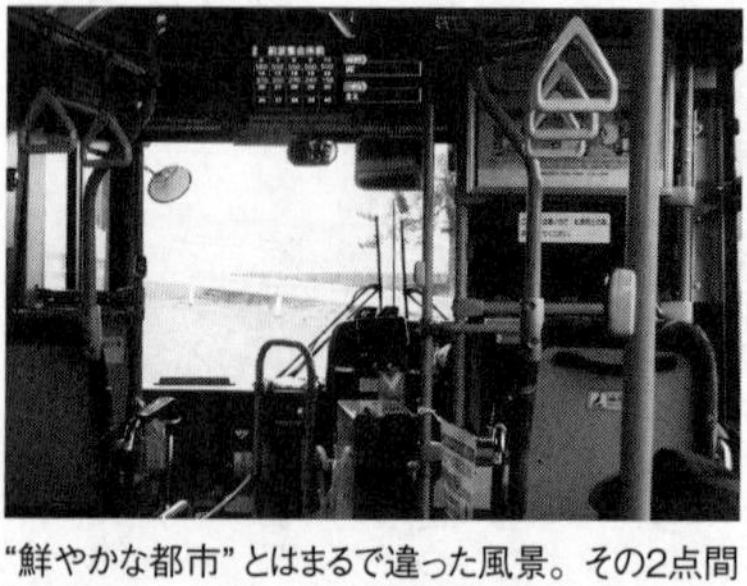

“鮮やかな都市”とはまるで違った風景。その2点間を結ぶのが、鉄道だった（著者撮影）

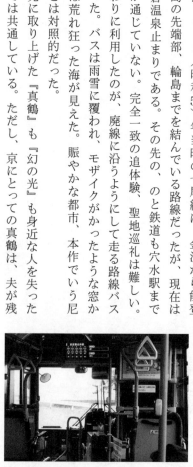

した唯一の絆ともいえる場所であり、鉄道が現実と過去、あるいは向こうの世界とを結ぶ役割を果たすのに対して、『幻の光』における輪島は、前夫、郁夫とも、また主人公自身とも一切の縁はなく、鉄道は過去と現在、未来をつなぐ位置にある。いずれにしても二作品を通して感じられるのは、鉄道が二地点を意識させる、とりわけ「喪失と再生」「生と死」のような極端な対比に寄り添ってくれる存在ということだ。バスでも飛行機でも「移動」という本質は同じはずなのに、なぜか鉄道だと「二地点」を強く意識する。他の交通機関との違いは敷かれた線路の存在によるところが大きいのだろう。加えて乗車券の印字も見逃せない。左と右に記された異なる地名は、第三者が見れば単なる乗車駅と下車駅に過ぎないものの、例えばこれが帰省路の私の手元にあるならば、片方は「日常」であり、もう片方は「ふるさと」として浮かび上がってくる。鉄道は対極のものを結ぶ存在として概念上は捉えることができる。

このように読書と鉄道の融合の先にあったのは、作品に惹かれての現地訪問、実際の乗車だった。アニメや漫画の「聖地巡礼」と似ているのかもしれない。そして、「行ってみよう」と強く思わせるのは、鉄道が主となる小説ではなくても構わない。どちらかといえば主人公が車中などで己の胸中を語るような作品が多い。鉄道旅の夜、窓ガラスに反射する己自身と向かいがちで、やるせないほどの寂しさに「何か意味がある」と見出したくなるタイプの人間だからなのだろう。

また、先の乗車券の話でいえば、二地点の間には経由地が定まっており、こちらもまた特別な意義を放っている。この感覚を教えてくれたのは水上勉のエッセイ集『停車場有情』（朝日新聞社、１９９６年９月）だった。本書は１９７５（昭和50）年から１９７６（昭和51）年にかけての雑誌連載を一冊にまとめた文庫本で、記憶に残っている駅とその思い出が時系列に紡がれていく。割合としては著者の地元である福井県の小浜線や周囲の路線が最も多く、ほかに山陰線、あるいは旧満州などの駅が登場する。

最初の駅は、小浜線の若狭本郷駅。九歳で京都の禅寺に預けられるシーンから始まる。

> **人の一生を旅にたとえる人がいる。もちろん、人間は、母の胎内を出た日から孤独な旅行者である。それにしても、故郷の駅は、現実の旅の出発点でもあって、暦の底の方でいつも輝いたり眠ったりしている。**

旅の出発点、人生の出発点を水上勉はこう示している。確かに私自身にとっても、輝いているかはわからないけれど、いつでも故郷の駅は、他の駅と格別な存在として位置している。

　また、水上勉自身は、事業の失敗など苦く辛い経験も多い。そんななかで転機となったのは、洋服の行商中に立ち寄った足利駅でのこと。売店でたまたま購入した『点と線』に影響を受けて『霧と影』を書き、それが文壇への足掛かりとなったこととしている。

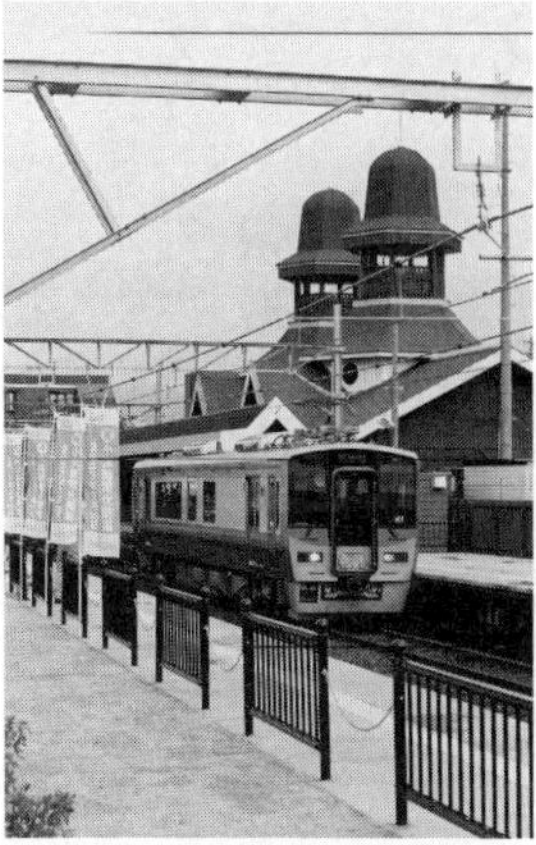

全ての人に「故郷の駅」はあるもの。風景は少しずつ生まれ変わるが、人生のどんなときにも、別格に存在している（若狭本郷駅）

これも行商の一日に足利駅の売店で「点と線」を買わねばはじまらなかったことだったと思うと、いま、あの小さな駅の建物の、板に塗られた灰いろの塗料がはげ落ちて、うすよごれてみえた改札口や、五十すぎたおばさんが、新刊書を売っていた売店の光景があざやかによみがえってくる。

私は人生について、いろんな駅にぽろぽろと数えきれない落とし物をしていくような感覚を抱いている。次の約束をせずに別れていく人たち、一度しか行ったことのない飲食店、単発で引き受けた仕事、一回読んで書棚に放り込んでしまった文庫本、そしてそれらすべてをひっくるめた毎日。落としたこと自体を失念している。けれどもこの一説に触れると、どこかにターニングポイントとなるべき伏線が秘されているかもしれないと希望を抱かせてくれる。ないがしろにしていた記憶が「あの時の」と色彩を伴って蘇ってくれる日がくるかもしれないと、人生そのものへの肯定感が高まってくる。

時間の流れを駅に落とし込んで進むエッセイは、終盤、線路の付け替えにより廃止となった北陸本線旧線の刀根駅の記憶へと移ろっていく。

刀根の駅を通らなくなってから何年になるだろう。余呉の湖面からみえる新線路から、いつも木之本へ入ってしまう列車の中で、古い鉄路が私の暦の中で、生きていることに気づいて、はっとする。

執筆時点で、刀根駅はすでに廃止されているものの、現役当時に巡った思い出を振り返りながら、水上勉は新線を辿っていく。そして、本書と巡り合えた私は、水上勉の「暦の中」にある駅を想いながら、同じように新線を移動していく。

一人で出掛けていると、どうしたって価値観は独りよがりになるし、車窓には見たいものしか見えてこなくなる。旅の行程、乗りたい列車、降りたい駅も、なんとなく固まってしまう。そうしたなかで、たまたま出合った一冊がきっかけで、それまで通過するだけだった駅に下車してみたり、著者のまなざしや、作中人物の心情を、自分の旅に重ね合わせてみたりなど、行動と意識での変容が起こる。何よりも、他者の旅路の上に自分の旅路が重なるような、多層的な感覚も芽生えてくる。

読めばその路線に出かけたくなり、出かければその路線が登場する本が読みたくなる。永遠に続く編み物のような状態で、私はこの先も旅と読書をしていくのだろう。

私の「忘れられない鉄道の本」

1　既述『真鶴』（川上弘美　文藝春秋）2009

2　既述『幻の光』（宮本輝　新潮社）1983

3　既述『停車場有情』（水上勉　朝日文芸文庫）1996

4　『闇を裂く道』（吉村昭　文藝春秋）1987
丹那トンネルのことを知りたくて、手に取りました。記録小説という分野をこの作品で知りました。以来、ちびちびと吉村昭を読んでいます。

5　『点と線』（松本清張　各社）1958〜
ド定番ですが、「時刻表は読み物」を教えてくれた作品です。香椎で下車すると、「ずいぶん寂しいところね」と心のなかで呟いてしまうのは、『点と線』の影響です。

6　『ジャパニーズ電車ガール』（撮影：林照翁　短歌：谷村はるか　ハヤシジャーナル社）2003
自費出版で、書店流通にものせていない写真短歌集です。知り合いからもらいました。福井鉄道や京福（当時）の写真とともに歌が載っています。私にとっては、故郷をかつての色彩で思い起こさせる一冊です。

7　『全線全駅鉄道の旅シリーズ』（宮脇俊三、原田勝正　小学館）1991
国鉄時代の書籍ですが、シリーズで揃えています。車窓をはじめとする沿線、各路線の成り立ちなど、すべてがいい具合にまとまっていて助かります。

8　**『鉄道地図帳（レールウェイ マップル）』**（昭文社）　2010
2010（平成22）年に刊行された分冊版の鉄道地図帳です。旅行に行く時は絶対持参しています。最近になって全国を一冊にまとめたものが刊行されましたが、あくまで「家で読むよう」にしかならないため、分冊版の改定を強く望んでいます。

9　**『カレチ』**（池田邦彦　講談社）　2009〜
母方の祖父（御年93歳）が国鉄時代、敦賀車掌区に勤めており、「こういう時代に働いていたんだ」と感じながら読みました。

10　**『銀河鉄道999』**（松本零士　各社）　1977〜
高校時代、クラスで回し読みしていました。当時は宇宙を鉄道に見立てて、各惑星で物語を展開していくのがおもしろかったのですが、最近は「メーテル、鉄道に詳しすぎない?」と思っています。

《追録》

11　**『鉄道忌避伝説の謎』**（青木栄一　吉川弘文館）　2006
鉄道忌避が「伝説」であることを確かな証拠と熱い語り口で論理的に解説する一冊です。

12　**『釧路・根室の簡易軌道』**（石川孝織、奥山道紀、清水一史　釧路市立博物館）　2017
釧路市立博物館での展示にあわせて刊行された冊子です。この冊子が契機となり、そこから根釧エリアの魅力に憑りつかれました。

漫画家 やすこーん

何かが起こりそうな夜行列車の愉しみ

『寝台特急《ブルートレイン》殺人事件』西村京太郎　1978

やすこーん

青森県出身。漫画家。1991（平成3）年にデビューし、『GOGO♪たまごっち！』などを連載。2008（平成20）年、寝台特急「はやぶさ」に乗車した際、寝台特急独特の旅情にのめりこみ、これを機に鉄道を中心に描く「乗り鉄漫画家」として活動。鉄道関係の漫画やエッセイなど多数手がける。主な著書に『おんな鉄道ひとり旅』（2017年　小学館）、『メシ鉄!!!』（2017年、集英社）、鉄道ミステリー小説『のぞみ、出発進行!!』（2016年　小学館）、『やすこーんの鉄道イロハ』（2021年　天夢人）ほか。

西村京太郎先生が生涯で出された著書は約六百五十冊、そして累計発行部数は二億部以上と言われる。これがどれだけすごいことなのかは、誰の目にも明らかだ。

驚異的なこの数字は、毎日原稿用紙二十枚（八千字）をノルマに執筆、年間十二冊の本を出し続けた賜物である。月に一冊の割合で出す新刊は、年に一度、秋頃に出版社十二社の担当者が集まって来年度の計画の打ち合わせをし、出す順番を決めたという。一ヶ月に平均五作の連載締め切りに追われ、晩年では書き下ろしも増えていた。

そんな西村先生のデビュー作は、１９６４（昭和39）年の『四つの終止符』。その後の作家活動は、社会派ミステリー、時代小説、パロディなど多岐にわたる。

そして１９７８（昭和53）年、「トラベルミステリーの大家」と呼ばれるきっかけとなった最初の鉄道ミステリー本、『寝台特急殺人事件』が刊行される。この作品が大変売れたことで、以降、鉄道ミステリーの「十津川警部シリーズ」として続いていくのである。私自身、寝台特急が大好きなこともあるが、西村京太郎作品を読むには、まず通らずにはいられないこの本を、思い出とともに紹介していきたいと思う。

舞台は「寝台特急はやぶさ」下りの車内。当時、「はやぶさ」は東京駅〜西鹿児島駅間を毎日走行していた。ブルートレインの人気の秘密を取材するために、東京駅から乗り込んだ、

週刊「エポック」の記者・青木は、1号車の個室寝台で、目を惹く薄茶のコートを着た女性を見かけ、思わず写真を撮る。

小説が出された1978（昭和53）年は、まさにブルートレインブーム真っ只中。作品中にも、ブルートレインの姿をホームで写真に収めようとする小学生たちの姿が描かれている。紙コップで冷水器の水を飲むなど、車内の描写もそこかしこにあり、まるで自分が乗車して旅をしているかのような気分にさせてくれる。

私がブルートレインを知るきっかけとなったのは、九州で行われる自分のサイン会に向かうため、まさに「富士・はやぶさ」に乗ったことによる。乗車したのは2008（平成20）年1月だから、ブルートレインブームは知る由もなかった。つまり、まだ鉄道歴は15年と浅い。

九州まで併結して走る「富士・はやぶさ」は、門司駅で分割され、「富士」が大分行き、「はやぶさ」が熊本行きとなっていた。私は東京～熊本間を走る「はやぶさ」で、行きはB寝台個室、帰りはA寝台個室に乗って過ごした。どちらの個室も素晴らしかったが、特にA寝台個室に備え付けられていたテーブルは、開くと洗面台になるギミックで、大変気に入った。今でも自分の家に欲しいくらいである。本作品でもこの洗面台が登場する。

女性とは食堂車でも一緒になり、青木は「写真のモデルになってほしい」と申し出るが、相手にされない。その後、相席になったのは、高田という男性弁護士。青木はうっかりカメラを忘れて食堂車を出てしまうが、戻ってきたカメラからは、撮影したはずのフィルムが抜き取られていた。青木は高田を疑う。

この頃のブルートレインには、食堂車が連結されていた。私の乗車時には、「はやぶさ」には食堂車はすでになかったので、心配性の私は駅弁やお酒を過剰に買い込み、夜の景色を眺めながら、一人個室で飲み明かした。初めての夜行列車、しかも初めての一人旅だったから、緊張してなかなか眠ることもできない。部屋から出るのも怖かった。しかし揺れる列車で過ごすこの時間が、思いのほか楽しかったのである。それ以降、すっかり夜行列車にはまった。

翌日、多摩川に、青木が写真を撮った女性の死体が浮かんだ。女性のハンドバッグからは、

青木が渡した名刺と、運輸大臣・武田の名刺が出てきた。世間では、武田の名刺を使い、5億円が銀行から強奪された事件がまだ未解決だった。そして警視庁捜査一課の十津川省三警部が動き出す……。

女性は何者なのか、なぜ遠く離れた多摩川で死体が上がったのか。高田という弁護士の正体は？　運輸大臣・武田はこの事件に関係があるのか、など、様々なことが絡み合って事件は大きくなってゆくが、時刻表からのアリバイ崩しがおもしろく、読みやすい作品となっている。十津川警部の推理も見ものだ。

私がこの作品に出合ったのは、「富士・はやぶさ」乗車後だったが、文字を追うと旅が思い出され、場面を想像しながら読み進めることができた。西村京太郎作品は、ほぼ全国の路線や列車を網羅しているので、自分がこれから乗る列車にあわせて本を選び、旅先に持っていく、という楽しみ方も覚えた。

２００９（平成21）年3月に「富士・はやぶさ」は廃止になってしまったが、その後はあらゆる夜行列車に次々と乗った。「北斗星」は七回、「はまなす」には三回乗車。「日本海」「能登」「北陸」「あけぼの」「カシオペア」「トワイライトエクスプレス」…など、廃止直前ギリギリに乗れたのは本当によかったと思う。東京から「ムーンライトながら」（これも六回ほど乗車）を使って大阪まで行き、そこから「日本海」で青森へ、「はまなす」で札幌まで向かい、更に「北斗星」で東京に帰ってくる、という無茶な旅もしてみた。もちろんそれぞれの旅にあわせて、西村先生の本を持参したのは言うまでもない。

ちなみに十津川警部が初めて登場するのは『赤い帆船』（1973年刊行）という作品だ。ただ、鉄道が舞台のものとしては、この『寝台特急殺人事件』が最初である。

2019（平成31）年春に、私は西村京太郎先生にインタビューさせてもらったことがあるのだが、「十津川」という名前の由来は奈良県の十津川村から、下の名前「省三」は送られてきたドラマのシナリオにそう書いてあったからだとおっしゃられていた（十津川警部が初登場したドラマは1979（昭和54）年に放映された『寝台特急殺人事件』。演じたのは三橋達也さん）。

余談だが、ドラマで十津川警部を演じられた役者のなかでは、渡瀬恒彦さんがダントツに好きだ。今では十津川警部シリーズを読むと、相棒の亀さん役の伊東四朗さんとともに、この二人で画が浮かぶ。

西村先生の執筆における取材は、一回につき、二泊三日が基本。それ以上かかると、書く時間がなくなるという。そして一つの取材で二つ本を書く。つまり年に六回の取材で、十二冊の本を出すというわけだ。しかも写真は撮るが、メモは取らない主義。覚えているところだけ使っていたらしい。『寝台特急殺人事件』の取材では、一緒に行った編集者が酒飲みで寝てしまったため、一人でずっと起きていたのだとか。窓の外を見て、ホームにどのくらい人が残っているかなど、夜通し見ていたそうだ。

先生とは三回お会いしたが、それ以降も、誕生日に先生宅にＦＡＸ絵手紙を送るなど、やりとりがあった。先生が愛用している交通新聞社の『ＪＲ時刻表』２０２０（令和２）年5月号の巻頭エッセイを、私が執筆させていただいた時には、わざわざお手紙をいただいた。寝台列車好きが高じて、寝台特急サンライズに十五回乗った話を書いたのだが、それをお読みになった先生は大変驚かれたようだった。そこにはこう書かれていた。

「それにしてもサンライズに十五回というのは異常ですよ。私も取材で同じ列車に何回か乗りますが、三回が限度です。今、鉄道ファンとして一番の心配は、夜行列車が少ないことです。早く、昔のように、何本も走って欲しい。」

夜行列車に関しては、私も全く同じ想いである。鉄道旅行の最高の楽しみは夜行列車をもう一度復活してほしい。今の若者に乗ってほしい。あの楽しさを知ってほしい」と仰せられていた。

『寝台特急殺人事件』の本には、当時の著者のことばとして、このようにも記されている。「新幹線やジェット機の旅には夢がない。その点、寝台特急（ブルートレイン）の旅には、日常の生活の中で忘れてしまった夢がある」

西村京太郎先生は、2022（令和4）年3月3日に91歳で逝去された。入院先の病院でも最後まで執筆を続け、遺作となる『SLやまぐち号殺人事件』は2022（令和4）年8月に出版された。これが十津川警部の最後の事件となる。内容としては、やはりオススメしたい作品『ミステリー列車が消えた』（1982年）に通ずるものがあった。ぜひこちらもあわせて読んでいただきたい。

世相を反映させ、新しいものを次々に作品に取り入れ、最後までトップを走り抜いた。西村作品を読むと、すでに引退した車両や、廃線になってしまった路線も、その時代の空気感とともに生きている。読み始めれば、あっという間にタイムスリップできる。「自分の作品の良さは読みやすいところだ」とおっしゃっていた西村先生。確かにそこが、一番の魅力かもしれない。

華道、茶道は当たり前。女性も惹き込む魅惑の鉄道

『女子と鉄道』酒井順子　２００６

変わってこちらは２００６（平成18）年に刊行された、酒井順子さんのエッセイ『女子と鉄道』。酒井作品は、２００３（平成15）年に話題になった『負け犬の遠吠え』から読み始めたのだが、どの作品も、冷静で、客観的視点から書かれた文章が小気味よい。

文庫本を買って読んだ２００９（平成21）年は、ちょうど私が寝台特急に夢中になっている最中。しかも勝手に鉄道好きになったので、鉄道仲間もいない。そして鉄道趣味といえば、まだ男の世界というイメージが強かった。だが、この本に出合えたことで、女性でも鉄道趣味を存分に楽しんでいい、と背中を押してもらえた気がする。

酒井さんは鉄道に目覚めるのが、私などよりはるかに早い。中学時代に宮脇俊三さんの『時刻表2万キロ』を読んでいるし、生まれて初めての鉄道一人旅が、高校の卒業式〜大学

の入学式の間というから、一人旅経験自体も早い方ではないか。世間では、未だに一人旅はちょっと、という女性も多い。

私もかつてはそうだったが、鉄道好きになってから、あちらこちらの鉄道に乗りに行きたいがために、否が応でも一人で旅をせざるをえなくなった。鉄道好きになって、ある意味自立できたのだ。鉄道は、人間をも大きくしてくれる。なんて素晴らしい趣味なのだろう。

鉄道のおもしろさにハマり、とにかく乗りまくっていた私は、鉄道旅の楽しさを広めようと、イベントを開催することにした。題して「女子鉄ナイト!」。更に「おんな鉄道ひとり旅、さよならブルートレイン&女の鉄道の楽しみ方教えます!(男子も入れます)」と、わかりやすいようサブタイトルも付けた。

これまでもバンド活動などで人前に出ることはあったが、自分の主催でトークイベントを行うのは全くの初めてだった。そんなことをする気になったのも、ひとえに鉄道が好き!という気持ちが突っ走ってのことである。更にその勢いにまかせて、友人の小説家を通して、酒井順子さんにイベントのゲストとして登壇してもらえないか、というオファーもしてしまった。今思えば本当に勢いだけでやっている。こちらは当然ながら、ご丁寧なお断りのお返事をいただいた。

２０１５（平成27）年1月に東京都内で行われたこのイベントは、おかげさまで前売りだけで二百席が完売。お客さんの八割以上が男性だったが、それでも勇気を出して一人で参加してくれた女性もちらほらいた。「鉄道好き女子の交流の場を作る」という私の本来の目的は、ほぼ達成された。

そこでも感じたことだが、女性には乗って楽しむ「乗り鉄」が多いように思う。酒井さんも、「列車の構造だのダイヤの組み立てだの、『仕組み』を頭で考えるのが好きな男性とは全く違う乗り方」と書かれているが、男性はハードそのものを、女性はソフトに興味を持つ傾向にある気がしている。

本文で「女子はなぜ寝てしまうのか？」という章がある。酒井さんは列車に乗るとすぐ寝てしまうそうだ。私はといえば、そこはむしろ逆で、ましてや初めての路線はどこも見落とさないぞ！　とばかりにずーっと目を見開いて景色を眺めていたりする。夜行列車でも寝たらもったいない気がしてしまう。貧乏性ゆえの性格の問題か。同じ乗り鉄でも微妙に違う。

ただ、鉄道に対しての信頼感はすごくわかる。時間の正確さに加え、乗ったら何もしなくても目的地まで連れて行ってくれるという、この安心感はすごい。酒井さんは鉄道を「親のような存在」と表現していたが、私にとってはある意味、頼もしく感じる「彼氏のような存在」だ。だから女性の鉄道ファンが増えているのかもしれない。

鉄道が走っていることに感謝しつつ、これからの人生も、マイペースに鉄道旅を楽しんでいきたい。

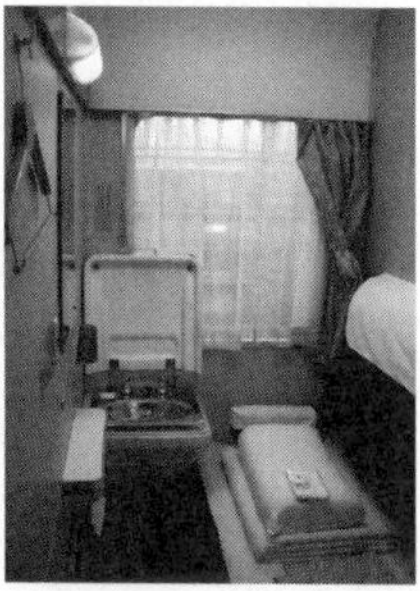

「はやぶさ」A寝台個室シングルデラックス。洗面台はちゃんと水とお湯が出た。蓋を締めるとテーブルになる。ベッドメイキングは自分でやる。ロゴマークがプリントされたタオルは持ち帰り可能だった（著者撮影）

「北斗星」の食堂車・グランシャリオにて、洋朝食。こちらで朝食は3回、夜のパブタイムも3回、フランス料理コースは1回食べた。ビールの「サッポロクラシック」を初めて知ったのも、この食堂車だった（著者撮影）

2019（平成31）年3月、西村京太郎先生と、西村京太郎記念館にて。先生のご自宅はこの隣にあり、毎週日曜日に、ここで先生のサイン会が行われていた（撮影：坪内政美）

私の「忘れられない鉄道の本」

1　既述『**寝台特急殺人事件**』（西村京太郎　カッパ・ノベルズ）　1978

2　既述『**女子と鉄道**』（酒井順子　光文社）　2006

3　「**阿房列車**」**シリーズ**（内田百閒　各社）　1950～

元祖「乗り鉄」の内田百閒は、借金してまで一等車に乗ろうとする。私はそこまでの気持ちはさすがにないが、美味しいものが好きだったり、お酒をよく飲むなど共感できるところも多く、思わずにやりとしてしまう。人となりを知るのには、これより先に『百鬼園随筆』を読むとよいかもしれない。こちらも大好きな作品。

4　『**カレチ**』（池田邦彦　講談社）　2009～

昭和40年代後半に新米カレチ（客扱専務車掌）として活躍する荻野の成長を描く漫画作品。基本、一話完結で、読むごとに一本の映画を見終えたかのような満足感がある。私が知らなかった昭和の国鉄時代の空気感や、その頃のリアルな鉄道業界を垣間見ることができた。全五巻。

5　『**旅の終りは個室寝台車**』（宮脇俊三　新潮社）　1984

タイトルに惹かれ、初めて買った宮脇俊三さんの本。寝台列車がたくさん出てくるのかと思いきや、紀勢本線を走っていた「はやたま号」と、最後にちらりと「はやぶさ号」が出てくるのみだった。とはいえ紀行文として内容はおもしろく、同行する藍君とのやりとりも楽しい。この本以降、宮脇作品にもはまった。

6

『**津軽**』（太宰治　各社）　1944〜

「ね、なぜ旅に出るの？」「苦しいからさ」という、本編の出だしのやりとりが印象的な作品。太宰が上野駅から出発し、生まれ故郷の津軽を旅した紀行文となっている。その土地の食べ物や人とのふれあいを通して、太宰治という人が見えてくる。ちょうどこの話を読んでから津軽旅に行ったので、まさに聖地巡礼の旅となった。

7

『**汽車旅行**』（大城のぼる　小学館クリエイティブ）　2005

1941（昭和16）年に発売された漫画の復刻本。松本零士先生が原本を提供したそうで、色使いや用紙もレトロ感があってよい。主人公が東京から汽車に乗って名古屋まで行く物語で、当時は写真を撮るなどできず、資料集めも難しかったと思うのだが、それを感じさせない見事な構図と画力に感心した。

8

『**砂の器**』（松本清張　カッパ・ノベルズ）　1961

松本清張作品は、鉄道ファンになる前から好きで読んでいたので、一つだけ選ぶのは難しいのですが…この作品の事件のキーワードとなる「亀嵩」という場所がずっと気になっていて、2019年に木次線の「奥出雲おろち号」に乗り、ようやく訪れることができた時は感動した。2022年にも再訪し、扇屋の駅そば弁当を買うとともに、駅の店舗でもお蕎麦をいただいた思い出。

9

『**松山着18時15分の死者**』（津村秀介　講談社）　1990

私が時刻表を活用できるようになった頃に、初めて読んだ津村作品。がっちり固められたアリバイを崩していくさまがおもしろく、展開も飽きずに読めた。松山はかつて住んでいたことがあり、なんとなく土地勘があったせいで余計におもしろく感じたのかもしれない。

10

『おんな鉄道ひとり旅』（YASCORN　小学館）2017

手前味噌ですが、最後に自著を。鉄道での旅はこんなに楽しい！　ということを広めたい一心で描いていたエッセイまんが。特に女性が一人で行く旅の楽しみ方や、鉄道がより身近に感じられるようなテーマ・内容にしたつもりです。よかったらご一読ください。全二巻。

6章

人生を決める

生まれて成長する過程で「よし、自分はこう生きていこう！」と決意する瞬間とは、そう無いかもしれません。でも、全ての人は、人生のどこかで一度はそれに近い大きな決断をしているものです。その時は意識しなかったけど、あとで振り返ってみるとあれは大きな決断をしていたんだな、と実感する人も多いことでしょう。さて、そんな大きな決断、一冊の鉄道の本の影響だった、なんて言うとちょっと大げさでは？　と思われるかもしれませんが、これが実際にあるのです。当章では、今あるのは鉄道の本のおかげ。そんなエピソードを教えてもらいます。

カメラマン　米屋こうじ

私を導いてくれた鉄道雑誌

『鉄道ファン』　1980年7月号
『鉄道ジャーナル』　1980年8月号
『鉄道ダイヤ情報』　1981年No.16
『レイルマガジン』　1984年8月号

米屋 こうじ　よねや こうじ

1968（昭和43）年、山形県出身。カメラマン。両親が国鉄とかかわりが深く、小学生の頃より鉄道に興味を持ち、中学生になると青春18きっぷで列車の撮影旅を始める。東京工芸大学短期大学部卒業後、写真家の安達洋次郎、真島満秀に師事。1993（平成5）年よりフリーランスとして活動。日本と世界の鉄道旅情をモチーフに撮影することをライフワークとしている。2003（平成15）年「Asian Train Love」で富士フォトサロン新人賞を受賞。日本写真家協会会員。主な著書に『碓氷峠ロクサン惜別の旋律』（1997年 弘済出版社）、『日本の鉄道遺産』（2012年 JTBパブリッシング）、『ひとたび てつたび』（2017年 ころから）『すべてのカーブにはわけがある』（2022年 交通新聞社）。

母は鉄道弘済会の職員で、奥羽本線天童駅の売店に勤務していました。1980年代のはじめ頃、地方にコンビニエンスストアはなく、駅の売店がコンビニ代わり。お土産や菓子、飲料から日用品に至るまで、様々な商品が売られていました。新聞、雑誌、書籍類も多く、週刊マンガ本の発売日には、子どもたちが並ぶこともあったと母から聞いたことがあります。鉄道に興味を示し始めた息子のために、母は売店に届いたばかりの書籍や雑誌を買ってきてくれました。宮脇俊三さんの単行本などの他、鉄道雑誌の『鉄道ダイヤ情報』もそのなかにありました。『鉄道ダイヤ情報』を最初に読んだのは中学1年生の冬で、1981(昭和56)年12月発刊の№.15(冬号)でした。

この頃、東北地方の鉄道に大変革がありました。1982(昭和57)年6月23日には東北新幹線が暫定開業し、同年11月15日には上越新幹線が開業するとともに東北新幹線も本開業。これにより、在来線を走る長距離の特急・急行列車が大幅に削減、または廃止されてゆきました。地元の奥羽本線を走る特急「つばさ」「やまばと」、東北本線の特急「ひばり」「やまびこ」「はつかり」など、長い12両編成で走る様子が見納めになるというので、その姿を写真に収めようと考えるようになっていたのです。

そんな時期、次の『鉄道ダイヤ情報』が届きました。1982(昭和57)年8月に発売された№.16号（現在は月刊誌ですが、当時は不定期発行）で、巻頭は6月に暫定開業した東北新幹線。さらにページのなかほどには「消えゆく東北特急」「見おさめの上越線」と題し、東北本線や上越線の撮影地ガイドが27ページにわたって掲載。東北新幹線は6月に暫定開業しましたが、特急列車で廃止されたのは「やまびこ」と「ひばり」の一部（14往復中6往復）のみで、本開業の11月15日までは本線上を走っています。まさにドンピシャな内容で、さっそくガイドを頼りに撮影旅行を計画しました。

誌面はさらに「飯田線の四季」というグラフページに続きます。私は美しい風景のなかを走る古めかしい旧型国電の写真に釘付けになりました。11月初旬の連休は上越線への撮影旅行を計画していましたが、行程に飯田線も加えることにしたのです。記事を読み進めるうち、その内容に心打たれました。少し長いですが引用します。

〝古き良き時代〟とよく人は言う。憎しみや苦しみは次第に消え、良い想い出だけがほのぼのと残る…のがどうも人間の特性らしい。決して古き時代は良かったと私は総括して言えないと思うが、苦労がいつのまにか人をして熟練の域にするのだと理解し、その年輪のきざみをいとおしく思う気持ちは持っている。（中略）あの黒光りした車内は暗く、乗り心

地は決して一級のものではない。しかし、そのかもしだす雰囲気からは、かつて京神間や首都圏を肩で風を切って走ったつっぱりは消え、伊那谷や三河の野に生きる人々の心を包むやさしさと厳しさを感じ、利用する人々との対話の空気を感じる（後略）

と言う文章。風景の美しさや車両のスタイル、雰囲気だけを見るのではなく、その背後にある車両や列車の生い立ち、沿線の風土、歴史までも知った上でそれを感じとり、写真や文章で伝える方法があるのだ……。と、中学2年にして全てに気づいた訳ではないのですが、のちに自分が写真家になった時、基軸となる大切な部分の片鱗を、文章から感じとっていたのだろうと今は思います。

九ページほどある「飯田線の四季」の作者は宮澤孝一さん。そのお名前には記憶があると思ったところ、初めて購入した『鉄道ファン』（交友社）１９８０（昭和55）年7月号で執筆された記事を拝見していたのを思い出しました。この号の『鉄道ファン』は国鉄の事

宮澤さんの影響で飯田線を訪ねたのは1982（昭和57）年11月のこと。旧型国電の存在感に魅了されました（著者撮影　辰野駅にて）

業用車特集だったのですが、誌面のなかほどにある、鉄道ファン／キヤノンフォトスクール「よりよい鉄道写真をとるために」という記事を読み感銘を受けていたのです。

記事中の写真は、鉄道ファン／キヤノン鉄道写真コンクールでの入賞・入選作品で、車両そのものを撮った写真は一つもありません。雪の車窓を横切る鉄道員の姿だったり、夜のホームで撮られた写真だったり、斜光線を浴びて走るロマンスカーの写真だったりと、どの写真からもドラマ性が感じられるものでした。「写真は太陽を背中にして（順光で）撮るもの」と教えられてきた者にとって、斜光線の写真はもちろん、どれもが驚きでした。

記事中、よい写真を撮るには「カメラ機材をよい機械にしなければならないとか、あちらこちらとび回らなければならないとか、情報を多く仕入れなくてはならないとかいうことは二義的なことだと思うのです。（中略）要するに技術だけではなく、〝モノを見る眼〟・〝自分の意思〟・〝美の追求〟など鉄道が直接被写体であっても、車両そのものにとらわれないということ……そのような考え方も必要だろうと思います（後略）」の文章は、目からウロコが落ちる思いでした。当時開催されたロバートキャパの写真展を見に行った話題もあり「写っている人間の〝眼〟に感心しました」と書かれています。「鉄道以外の写真先品を見、本も読んで欲しいと思います」というので早速本屋に行き、ロバートキャパ著『ちょっとピンぼけ』を購入したものでした。

『鉄道ジャーナル』を初めて購入したのは、『鉄道ファン』を最初に購入した翌月のこと。１９８０（昭和55）年8月号。特集は国鉄の交流電気機関車で、地元でも活躍する赤い電気機関車の記事が満載でした。そのなかで、電気・ディーゼル機関車、計百二十二両を擁する門司機関区の記事に感化され、国鉄の機関士（運転士）になりたいと、夢を見るようになりました。

学校の授業で「将来なりたい職業について調べる」という課題が出されたことがあり、当時、国鉄の機関士だった叔父に電話で話を聞いたことがありました。叔父は奥羽本線の新庄にある新庄機関区で教導機関士という先生のような立場にあった人物でした。叔父に「高校を出たら国鉄に入って機関士になりたい」と告げたところ、「キチンと勉強して大学に行って、それから国鉄に入るなら入りなさい」という旨の話をしてくれました。「うしろの列車にいるお客さんの命が、自分の腕一本にかかっているんだよ」との言葉の重さに、憧れだけで仕事が勤まるわけはないと、思い直した記憶があります。

それから数年後、１９８４（昭和59）年に『レイルマガジン』（企画室ネコ）が創刊されました。創刊から7号目、１９８４（昭和59）年8月号に掲載されたわずか4ページのモノクログラフに大きく心動かされ「鉄道写真を生業にできれば」と考えるようになったのです。それが「ステージ／スハフ32」という作品でした。作者は川井聡さん。

スハフ32とは戦前に製造された古い客車の形式名。当時住んでいた天童市を通る奥羽本線にスハフ32は走っていませんでしたが、戦前から戦後すぐに製造された古い旧型客車が運用されていました。板張りの床、木製の壁や天井、リベットの並んだ外観などいかにも古めかしく、次第に魅力を感じるようになっていたのです。

それは、宮澤さんの「飯田線の四季」を読んでから、生い立ちや歴史を思うようになったせいもあります。1982（昭和57）年の11月、上越線とセットで撮影に行った飯田線で、実際に旧型国電と出合って感激したのですが、地元に帰ってみれば、同じような時代に製造された旧型客車が日常のなかで活躍していることに改めて気がつき、写真に収めるようになっていたのです。座席の青いモケットが、乗客が座った部分だけ少し色褪せている様子を見ては「戦火を免れ人々を運び、いったいこれまで何千何万の人を運んできたのだろう」と思うようになりました。

ところがそんな思いを抱いて、雪景色や夜景、福島と米沢の間にある板谷峠に撮影に行くなど、様々な撮影を試みたのですが、古い客車の本当の良さが写真に写っていない気がしたのです。どのように撮れば良いのだろうと悩んでいたところ、出合ったのが川井さんの「ステージ／スハフ32」。写真は全ての被写体が人物でした。列車の前で微笑む女子学生、風呂敷包みを脇に置いて頬杖をつくおじさん、車内を掃除する人など、人々の表情も含め、人物の存在がモノクロ写真のなかに自然に収まっていたのです。

その時の私は、通学で毎日、スハフ32と同じような客車を利用しており、川井さんの作品にある世界を日常として眺めていたのです。鉄道は日常生活にあるものであり、その主役は〝人〟なのだと気づかされました。グラフページに添えられた文章には「君も僕もだれもかれもが、その生活の一万分の一か百万分の一かを、この車内に残していった。汽車は時間と空間の中でひとが創り出した最高のステージなんだ。そして、今この汽車に乗っている人たちは、その中で演じる最高の役者だといっていいと思う」とありました。

宮澤さんからは、被写体の背景にあるものを大切にすることを教えられたように、川井さんからは、写真を撮る上での気持ちの置き方や考え方、カメラアイそのものを学んだように思います。

ちょうど高校に進学し、将来の進路などを求められ考えるようになっていたところでした。川井さんの写真が、自分の目指したい写真の方向性を示してくれました。「写真を撮る仕事を目指す」という希望が膨らんでいったのです。

専門的な単行本とは違い、雑誌は様々なジャンルの内容が扱われます。その雑多な情報のなかから自然に興味を持った記事を取捨選択し、読んでいたのだと思います。良く考えれば、それが「鉄道写真」だったようです。幼い頃は車両のメカニックや、詳細な運行などに関する記事は、大凡理解できても完全に消化するのが難しかったせいもあります。その点、鉄道雑誌に掲載されている様々な写真は、眺めるだけで格好良さや、旅情を容易に感じることができたからでしょう。結果的には、今日ある自分へ、道を開いてくれる一つの要因となりました。また逆に、情報が雑多であるからこそ、新たな世界へ導いてくれる場合もあります。情報量や速達性では、インターネットが雑誌を凌駕して久しいですが、雑誌には雑誌の役割や可能性が確実にあると、振り返って思います。

川井さんの影響で撮影した一枚。被写体とのコミュニケーションが大切だと実感しました（著者撮影　五能線車内にて）

読者として受ける側だった私も、写真や文章を寄稿する立場になってもうすぐ三十年になります。多くの学びを与えてくれた先人たちのように、今の私が何かを伝えることができているのか……、そう思うと身が引き締まります。

人生に影響を与えてくれた宮澤孝一さんや川井聡さん、『鉄道ジャーナル』のグラフ写真で憧れ、事務所の門戸を叩いた結果、助手として招き入れてくれた真島満秀さん、猪井貴志さん。他にも先輩の写真家や文章家と出会うことができた各鉄道雑誌に、今も感謝の気持ちを持ち続けています。

私の「忘れられない鉄道の本」10傑

1　**鉄道雑誌・各誌**
鉄道雑誌は鉄道趣味の入り口的な存在。美しい写真や様々な角度から取材・編集された記事は、誰もが気軽に楽しめると同時に、深い世界に引き込んでくれます。

2　**『時刻表』各号**
「時刻表は読み物」とはよく言ったもので、無味乾燥とした数字の羅列を辿るだけで永遠の空想旅を楽しむことができます。古い時刻表はタイムマシーンのようです。

3　**『汽車旅12カ月』**（宮脇俊三　潮出版社）1979
著書では、『時刻表2万キロ』や『最長片道切符の旅』が有名ですが、本書は文庫本で二百ページほどと軽く、宮脇作品の入門書としてオススメの一冊です。

4　**『日本鉄道名所　勾配・曲線の旅（全8巻）』**（宮脇俊三・原田勝正 編　小学館）1986
北海道から九州まで日本全国の国鉄路線（私鉄の一部）の勾配と曲線の状態を示した「線路縦断面図」を掲載。今は廃止された路線も多く、貴重な参考資料です。

5　**『駅のはなし』**（交通設計・駅研グループ　交通研究協会）1994
明治の鉄道創設期から平成にいたるまで、また、都市のターミナル駅から地方の小駅まで、建築や文化の側面から捉えた駅の変遷を専門的に解説されています。

6　『［こどもポケット百科］ブルートレイン』（長谷川章　監修・執筆　実業之日本社）　１９８１
こども向けの分厚い小型本の装丁で、昭和50年代には各社から出版されました。ブルートレインばかりでなく、夜行急行や普通列車までも網羅。存在を知ることができました。南正時さんの「鉄道写真のとり方」も影響を受けました。

7　『永遠の蒸気機関車』（廣田尚敬　日本交通公社出版事業局）　１９７６
蒸気機関車が活躍を終えた１９７６（昭和51）年に発行された写真集。ダイナミックなフレーミングや流し撮りによる表現など、開くたびに新鮮な感動を受けます。

8　『軌道よ永遠に』（真島満秀撮影、上林哲雄編　頸文社）　１９８７
国鉄が民営化されＪＲになる時期に発刊された写真ムック。真島さん、猪井さんの撮影によるもので、詩情豊かな写真に心打たれた一冊です。

9　『上野駅の幕間』本橋成一（現代書館）　１９８３
東北新幹線の開業以前、長距離列車が頻繁に出入りした上野駅。そこに集う人々により、繰り広げられる人間模様が活写された写真集です。

10　『ローカル線で行こう！』（真保裕一　講談社）　２０１３
赤字から脱却するためがんばる地方鉄道の取り組みを小説に描いた作品。リアルな描写は、物語の展開とともに、現実にその鉄道が存在するような錯覚にとらわれるほどです。

フォトライター　栗原 景

3歳にして鉄道専門誌を読む。鉄道ライターへの成長を促した本たち

月刊『鉄道ファン』　1975（昭和50）年1月号
『鉄道旅行術（改訂9版）』種村直樹　1981

栗原 景　くりはら かげり
1971（昭和46）年、東京都出身。鉄道ライター。3歳時、絵本より鉄道専門誌を読みたがったというエピソードを持ち、小学生の頃には各地の鉄道を一人で乗り歩く。出版社勤務後、2001（平成13）年からフリーとして活動。旅、鉄道、韓国を得意テーマとし、多くの雑誌やウェブに寄稿、連載を続けている。主な著書に『東海道新幹線沿線の不思議と謎』（2020　実業之日本社）、『アニメと鉄道ビジネス』（2020　交通新聞社新書）など。

3歳児が欲しがったブルートレイン特集号

神田にあった交通博物館を初めて訪れたのは、1974（昭和49）年の暮れのことだった……らしい。らしい、というのは、当時僕は3歳で、その時の記憶がないからだ。多くの子どもたちと同様、乗り物に強い興味を示した僕を、母親が連れていった先が交通博物館だった。

交通博物館は、大宮にある鉄道博物館の前身にあたる博物館だ。1936（昭和11）年に、中央本線万世橋駅直結の博物館として東京駅近くの高架下から移転する形で開館。2006（平成18）年5月に閉館するまで、首都圏を代表する乗り物の博物館だった。地上四階の建物と中央本線の高架下に配置された展示室には、現在も鉄道博物館に展示されている1号機関車や9850形マレー式機関車をはじめ、鉄道だけでなく自動車や飛行機の展示も充実していた。

一階の玄関近くには、鉄道グッズやおもちゃ、鉄道関連の書籍などを販売する売店があった。本が好きで『きかんしゃやえもん』などの絵本を毎日飽きもせず見ていた息子に、親は新しい絵本を買い与えようとした。

ところが、3歳の僕は「絵本はいい」と断った。「これがほしい」。手に取ったのは、月刊『鉄道ファン』の最新号、1975（昭和50）年1月号。交友社が刊行する、1962（昭和37）年創刊の鉄道趣味誌だ。

そんな、大人が読むような漢字だらけの雑誌を、3歳の子どもが読めるわけがない。そのご本はむずかしいよ、こっちの絵本のほうがいいでしょう？　と説得する親に、3歳児は「これじゃなくちゃいやだ」と目に涙を浮かべて訴えた。

根負けした親は、『鉄道ファン』を買い与えた。650円。『鉄道ファン』誌は当時からカラー写真を多数掲載していたから、絵本と同じで、写真を眺めているだけでも楽しかったのだろう……。

この号の特集は、「ブルー・トレイン」。1974（昭和49）年末といえば、それまで鉄道趣味の中心を占めていた蒸気機関車の完全引退が約1年後に迫っていた時期だ。鉄道趣味誌は、各誌とも新しいテーマを模索していた。そんななか、『鉄道ファン』誌は寝台特急「ブルー・トレイン」（当時はナカグロを入れることが多かった）を特集に取り上げたのである。ブルートレインは、ライバル誌の『鉄道ジャーナル』が1969（昭和44）年7月号で特集していたが、『鉄道ファン』では創刊以来初めてのことだった。

表紙は、「さくら」のヘッドマークをつけたEF65形506号機の正面アップ。全16ページのカラーグラビアを筆頭に67ページ＋カラー折り込みという大特集だ。編集後記によれば、この特集は「一年がかりで企画」したもので、内容・ボリュームとも創刊以来「かつて例のない企画」になったという。

巻頭記事は、当時国鉄運転局列車課に在籍していた猪口信氏による「魅惑のブルー・トレイン物語」だ。1956（昭和31）年11月に、初の九州特急「あさかぜ」が誕生してから、1973（昭和48）年3月改正で上野〜秋田間に「あけぼの」が増発されるまでの十六年あまりの歴史を、写真を含め27ページにわたって紹介している。単なる通史に留まらず、各列車の登場時など節目の編成・時刻、C62形蒸気機関車が牽引した「ゆうづる」の牽引機関車表、1974（昭和49）年3月時点の特急用客車両数表など多岐にわたる資料が掲載されて、現在でもブルートレインの歴史をひもとく上で貴重な資料となっている。

国鉄車両設計事務所旅客車担当の岡田直昭氏による「20系から24系までブルートレイン用寝台車の変遷」は、タイトルの通り20系から14系、そして24系25形に至る寝台車の変遷を、車両設計の立場からまとめた記事だ。初代ブルートレインである20系客車の先進性とその後の高速化改造、万博輸送に向けて新製された12系客車をベースに開発された分散電源方式の14系、北陸トンネル列車火災事故を教訓に集中電源方式が見直された24系といった具合に、ブルートレイン用客車の進化の歴史が簡潔にまとめられている。今ではネットでだいたいの情報は得られるが、車両設計の当事者による執筆であり、必要な情報が過不足なくまとめられている本記事のほうが信頼性、読みやすさともにはるかに優れている。

佐々木桔梗氏の「〝青列車〟は紺碧海岸へ向う」は、海外に目を向け、「ブルー・トレイン」という言葉がいかにして誕生し、日本に伝わってきたかを欧州の豪華列車や文学作品の歴史からひもとく。日本における「ブルートレイン」という単語は、「〝九州特急〟と呼ばれていた寝台特急が、東北方面にも設定されて実情にあわなくなったことから徐々に使われるようになった」という話が一般的だが、戦前の１９３１（昭和６）年には、すでにフランスの豪華特急列車に「青列車」のルビがふられていることなどを紹介している。

力のこもった特集は、読者からの評価も非常に高かった。これを受けて同誌は、１９７５（昭和50）年３月10日のダイヤ改正にあわせてレイルファン十二名を全国に派遣する。山陽新幹線博多開業とブルートレインの再編に伴う大規模な車両の配置換えを五日間にわたって記録し、同年６月号で「〝ブルー・トレイン〟」として掲載。翌７月号には「特集：あなたの〝ブルー・トレイン〟スペシャル」と銘打って約70ページにわたる特集を組み、「ポスト蒸気機関車」の座にブルートレインを置くのである。１９７８（昭和53）年になると、小中学生を中心に空前の「ブルートレイン・ブーム」が到来し、『鉄道ファン』などで育ったレイルファンが、鉄道写真家らとともに子どもたちに向けてブルトレ情報を発信していった。

1975（昭和50）年1月号をはじめ、「ブルートレイン・ブーム」の礎となった『鉄道ファン』各誌は、版元である交友社が提供しているサブスクリプションサービス「鉄道ファン図書館」で全て読むことができる。

さて、3歳にして『鉄道ファン』を買い与えられた筆者はその後どうなったか。もちろん、資料性の高い記事を読み込む力はまだない。それでも毎日『鉄道ファン』を握りしめ、美しくカラーで印刷された「富士」や「さくら」、「あさかぜ」の編成写真に見入っていた。やがて小学校に進学し、ブルートレインブームが始まると、「ブルートレインに乗ること」が夢となる。「お小遣いでまかなえるなら、乗ってもよい」という親の言葉を真に受け、週50円のお小遣いとお年玉の貯金を始めるのだった。

ブルートレインブームの頃の子どもたちにとって、ブルートレインはアイドルやスターと同等。憧れの乗り物だった。1981.10.14

旅先で出合った最高のハウツー本

「この本、すごく面白いよ。きっぷや指定券のルールが全部書いてあるんだ」

そう言って、少年は使い古された一冊の本を差し出した。表紙には、松本電鉄（現・アルピコ交通）の電車の写真に、『交通公社のガイドシリーズ 鉄道旅行術』と書いてある。

1983（昭和58）年4月2日。小学6年生への進級を控えた春休みで、僕は近鉄難波（現・大阪難波）から近鉄奈良行きの近鉄特急に乗っていた。南紀ワイド周遊券を使ってユースホステルと親戚宅に泊まる、四泊五日の小学生一人旅だ。紀伊半島を一周し、松阪と和歌山のユースホステルに泊まって、この日は三日目。奈良から湊町（現・JRなんば）へ向かう電車の中で湯川くんという一人旅の中学生に出会い、特急料金をおごってあげるという彼の誘いで一緒に近鉄特急に乗ったのだ。もっときっぷのルールに詳しくなりたい、と話したところ、湯川くんがバッグから取り出したのが、『鉄道旅行術』だった。

ページを開くと、すぐに「すごい本」だということがわかった。「旅との出会い」から始まり、「旅客運賃表のふしぎ」、「指定券確保のコツ」と、まさに自分が知りたい鉄道旅の情報がギッシリと掲載されている。必ず見開きで一項目なのですぐに読めるし、楽しいイラストもたくさん載っていて分かりやすそうだ。少し読んでみると、単なる知識集ではなく著者が実際に体験したエピソードも豊富だった。

南紀旅行を計画していた頃、もっときっぷのルールに詳しくなりたいと思って書店で購入したのが、実業之日本社の『周遊券の旅』というガイドブックだった。確かに、周遊券をはじめとするきっぷのルールは詳しく載っていたが、時刻表の営業案内ページを詳しくしたような内容で、確かに情報は詰まっていたものの小学生にはやや読みづらかった。

その点、この『鉄道旅行術』は読み物としてとても面白そうだった。「旅に出よう」「旅立つ前に」「きっぷの知識」「さあ出発だ」「車中の楽しみ」「現地にて」「旅から帰って」と七つの章に分かれ、きっぷの知識だけでなく鉄道標識のような雑学、宿泊施設の泊まり方、資料の整理方法まで書いてあるのがすごい。この本に書かれていることを全部覚えれば、もっと充実した鉄道旅が楽しめそうだ。

この本はどこに行けば買えるのだろう。そうこうするうちに、近鉄特急は生駒駅を発車し、終着の近鉄奈良駅が近づいてきた。近鉄難波〜近鉄奈良間の所要時間は、わずか三十一分なのだ。

「面白いだろ? 実は、その本は毎年改訂版が出ていてさ。もうそれは二年くらい前のやつで、僕はそろそろ最新版を買うんだ。だからその本、キミに……」

特急料金を出してくれたことといい、彼はずいぶん裕福な中学生らしい。

「300円で譲ってあげるよ」

こうして３００円と引き換えに定価９８０円の『鉄道旅行術』（改訂9版）を手にした僕は、近鉄奈良駅に降りた。旅の記録にはバスで国鉄奈良駅に移動し、関西本線亀山行きキハ35に乗って名古屋へ向かったとあるが、全く覚えていない。ずっと、『鉄道旅行術』を読んでいたからだ。名古屋のユースホステルに着いた後も、消灯時間まで読みふけっていた。

『鉄道旅行術』は、レイルウェイ・ライターの種村直樹氏が手がけた五冊目の著作だ。日本観光開発財団発行の『ＹＯＵＮＧの旅』に連載されていた「ＹＯＵＮＧの旅行プラン」をたたき台に単行本化された書籍で、１９７７（昭和52）年5月に日本交通公社出版事業局（現在のＪＴＢパブリッシング）から発売された。横組み見開きで一つの話題をまとめ、全百四十一項目。前述したように全体を七つの章に分け、旅を思い立つところから準備の方法、きっぷのルール、列車内での楽しみ方、現地での過ごし方などがきめ細かく紹介されている。必ずしも実用情報ばかりでなく、「宿泊料金が倍以上違うと」「駅名遊びでヒマつぶし」といった雑誌のコラムのような読み物が多いのも面白い。なかには「小学生もひとり旅」なんて項目もあり、自分のことを言われているようで嬉しかった。また、多くのページに種村氏の読者でもある北川宣浩氏による一コマ漫画風のイラストが描かれており、小学生でも楽しく読めるようになっていた。

必要な情報を網羅し、整理されていて取っつきやすく、読み物としても楽しい『鉄道旅行術』は、発売と同時に多くの旅行系レールファンに歓迎されてベストセラーとなった。単純増刷を許さず、増刷時には必ずデータをアップデートして改訂版として刊行するという種村氏の姿勢も信頼感を生み、初期は年に二回以上、その後もほぼ毎年改訂版を重ねていくことになる。

３００円で入手した『鉄道旅行術』は、その後自宅でボロボロになるまで読み込まれた。この年、１９８３（昭和58）年の夏休みには、小学1年生以来の夢だったブルートレイン「あさかぜ1号」の乗車が実現。もちろん、『鉄道旅行術』を持参した。

これだけ読み込み使いこなした今なら、以前は持て余した『周遊券の旅』もより理解できるはず。そう考えて本棚から『周遊券の旅』を取り出すと、この本の著者も種村氏であることに気づいた。どちらの書籍も、巻頭や巻末に著者の住所が記載され、質問があれば「往復はがきで直接筆者に問い合わせを」と書いてある。種村氏に手紙を送りたい一心で国

小学生にして、鉄道の旅に。一人旅が基本だった1981（昭和56）年

鉄バスの途中下車制度に関する質問をひねり出し、往復はがきを送った。
このはがきが最初の縁となって、翌１９８４（昭和59）年に種村氏の読者サークルに入会。やがて１９８８（昭和63）年発行の改訂16版から、レイルウェイ・ライター事務所のアルバイトとして『鉄道旅行術』の改訂作業に関わることになる。その経験を礎に、のちに旅行ガイドブックの出版社に就職し、やがて鉄道と旅のライターになるのだから、『鉄道旅行術』はまさに人生を変えた一冊だった。

私の「忘れられない鉄道の本」

1　既述『**月刊鉄道ファン**』１９７５（昭和50）年1月号

2　既述『**鉄道旅行術（改訂9版）**』（種村直樹　日本交通公社）　１９８１

3　既述『**周遊券の旅（１９８２年版）**』（種村直樹　実業之日本社）　１９８２
最初は難しかったが、『鉄道旅行術』とあわせて読み込むことで、きっぷの制度に詳しくなった。現在の鉄道系ライターとしての知識の原点がここにある。

4　『**都電の消えた街〈山手編〉**』（諸河久：写真　林順信：文　大正出版）１９８３
１９６０年代の東京の都電風景と、１９８２（昭和57）年の都電廃止後の風景を今昔対比。わずか20年で東京の風景がどれほど変わったかに驚き、都市に興味を持つきっかけに。

5　『**北海道鉄道跡を紀行する**』（堀淳一　北海道新聞社）　１９９１
廃線跡が持つ魅力に気づくきっかけになった本。単に鉄道の遺構が残っているだけでなく、道床跡一面に花が咲いている風景の美しさなど、鉄道趣味以外の視点を知った。

6　『**時刻表昭和史**』（宮脇俊三　角川選書）　１９８０
半藤一利氏の昭和ノンフィクションとともによく読んだ、昭和史の基本資料。これを読むまで歴史の一ページだった戦争の時代が、身近な現実の出来事に感じられた。

7　『**下り"はつかり"　鉄道ミステリー傑作選**』（鮎川哲也編　光文社）　１９７５
鉄道を取り上げたミステリー小説のアンソロジー。戦前から様々な鉄道ミステリーが発表されていたことに驚く。

8　『**空白の五分間**』（三輪和雄　文藝春秋）　１９７９
三河島事故のドキュメント。鉄道の安全だけでなく人間の心理・精神医学に関心を抱くきっかけに。

9　『**夜行列車殺人事件**』（西村京太郎　カッパ・ノベルズ）　１９８１
西村京太郎トラベルミステリーで初めて読んだ作品。初めてのブルートレインの旅に持参した。

10　『**じゃりン子チエ**』**2巻**（はるき悦巳　双葉社）　１９７９
気まずい両親に会話をさせるため、京阪特急の車内で歌うチエ。電車の登場シーンは少ないが、「がたんこ・・がたんこ・・」というレールの音が印象的。

写真家 村上悠太

僕は、この本で人生が決まった

『21世紀鉄道名景』真島満秀　2001
『驛の記憶』真島満秀　2003
『阪急電車』有川 浩　2008

村上悠太　むらかみ ゆうた

1987（昭和62）年、東京都出身。写真家。12歳の頃よりカメラに興味を持ち、高校時代には「写真甲子園」に出場。日本大学芸術学部写真学科卒業後、雑誌などのメディアを中心に活躍するとともに、撮影の講師や講演を多数務めている。鉄道旅を通して日本と台湾の交流事業にも協力し、2019年台湾観光貢献賞（台湾観光局）を受賞。ニックネームは"ユータアニキ"。

1987（昭和62）年、JR発足の年に鉄道発祥の地、新橋の病院で生まれ、物心ついた時にはすでに鉄道に夢中。幼少の頃の将来の夢は、当時の将来の夢ランキング（男の子編）上位定番の「鉄道運転士」だった。周囲が虫や戦隊モノ、恐竜など趣味が枝分かれしていくなか、悠太少年はそれらには全く興味を示さず、鉄道愛が深まるばかり。中学生になるとフリーきっぷ片手に一人で東北へ。旅の理由はシンプルで「雪が見たかったから」。初めて訪れた雪国の光景と冬の日本海にただひたすらに感動して、家から持ち出したAPSフィルムを充填したカメラにその光景を残した。そんな最中、決定的な一冊の本との出合いが、僕が通っていた中学校の図書室で発生した。

当時の僕は中学2年生。初の雪国一人旅を大成功に終え、次なる旅立ちに備えて小遣いや昼食代をこっそり溜め込んでいた時だ。僕が通っていた中学校の図書室はいわゆる学校の図書室というイメージとは異なっており、図書室の先生が個人的に好きだったり、今の時代を反映している本や、写真集が多く収蔵されていた。そのなかには鉄道系のマニアックな本もあり、僕は休み時間のたびに愛読していたが、ある日、「真島満秀」と書かれた本に遭遇した。鉄道の本というと、とりわけ表紙には順光で撮影された車両のアップがどん、と配置されているものが多く、僕が当時読んできた雑誌もそのようなデザインがほとんどだ。しかしどうだろう、この時手にしたこの一冊は、なんと逆光下での写真で、一目では車両の存在がわからない、そんなカットが表紙に使用されている。しかし、美しい空のグラデーションに煌めく夕日、そしてシャドー部に浮かび上がる上越新幹線200系というカットに引き込まれ、恐る恐るページをめくった。その本のタイトルは『21世紀鉄道名景』。JTBムックから発行された写真ムックで、写真・文ともに真島満秀氏の署名だ。今では僕ら鉄道写真家のなかでは絶対的な存在感を持つ、真島満秀の写真に僕は初めて対峙した。

今でも時折冷静に考えると、僕が「写真家」という、いわゆる芸術系の道に進むなんて、思いもしなかったし、違和感すら覚える。それくらい、音楽や絵画などを筆頭に芸術分野にはほとんど興味がなかったし、それこそ夢中になることができる興味といぅと鉄道しかなかった。そんな感性しか持たない僕でも真島氏の写真が、これまで僕が見てきた鉄道写真とは決定的に異なっていることくらいは容易に分かったのだ。鉄道写真の主役と言えば、もちろん鉄道車両なわけだが、氏の作風のなかでは車両が脇役になることも少なくない。本書では、表紙としては斬新なシルエット表現の写真から始まり、北海道から九州まで日本列島を横断するように作品を鑑賞していくことができる。冒頭の「北海道」の一枚目からすでに列車は大自然のなかに限りなく小さく、しかし確実に存在している、そんな雄大なカットからこの本は展開する。氏の作品には季節ごとの花々や空、自然現象と鉄道車両が巧みに融合されたものが多いが、そのなかで氏自身があくまでも旅人であり、その視点、視界を作品の鑑賞者が写真を通して共有することができるものもあり、そこに僕は強く惹かれた。

所々にその土地に生きる、人の姿がある。本書の巻末には2000（平成12）年一年間の真島氏の手記がまとめられており、この手記自体も別冊にて一冊にまとめられているが、鉄道写真家という職業の匠が、どのように生き、どのように仕事をして、撮影しているのか、それをひしひしと感じられ、そこを読むと、氏がカメラを構えている時間以外に、いかに地域を、その土地の人を愛し、見つめている時間が長かったのかを感じ取ることができる。人と鉄道を組み合わせた写真は他の撮影者でも多く見かけるが、どこかそこに人がいる必然性を感じないものが多い。人を一つの「被写体＝物体」と捉え、「画になる」か否かで人の存在を取り扱う、そんな写真は決して少なくない。人という存在をそういうふうに解釈するのは、非常に抵抗があるのだが、その思いの根幹には氏の作品があるように最近感じているのだ。極寒の2月、留辺蘂駅で除雪に従事する職員が、氷点下二十度近い低温下でしか見られない、ディーゼル排気の白い煙（排気中の水分が瞬間的に凍る現象）をあげて札幌に向かう、特急「オホーツク」を見送る写真がある。「なにげない」という言葉はこうしたシーンにこそ、使うべきという空間が広がり、それをていねいなフレーミングと的確な光線、露出で捉え、「なにげない」が一つの写真作品になってゆく。「関東・甲信越」のコーナーに掲載されている、夏の安房鴨川駅でのカットもそうだ。ページのなかでは小さいカットだが、この本に掲載されている写真は、こうしたワンポイント的に配置されている小さいカットこそ、ていねいに見ていきたい写真である。夏のレジャーに来たのだろうか、他所行きの服に大きなカバン、楽しそうに笑う、カップルに家族。それを俯瞰した一枚なのだが、実はこのカット、曇天下で撮影されている。夏、それもレジャーの楽しい雰囲気を綴るのではあれば、晴天の青空の元、降り注ぐ太陽の存在がほしいと考えがちだが、この写真を見てみると無影であり、やや暗さすら感じる。でも、そんなことは些細なことで、氏の写真を通して自身の楽しかった夏の体験を思い出すトリガーになってくれるような写真だ。ＳＮＳ上での「映え」を優先しがちな現代の鉄道写真文化において、真島氏の作品は今しっかりと改めて鑑賞したい作品群のようにも思える。

もう一冊、真島満秀氏の本で紹介したい本がある。２００３（平成15）年に小学館から発行された『驛の記憶』だ。

本書は真島氏と同郷である長野出身の作詞家・音楽構成家の山川啓介氏が詞を担当し、

真島氏が撮影した「駅」を主題にした作品群に、山川氏の詞が添えられている。そのどちらが主役ということでもなく、写真と詞が合わさってもう一つの新しい世界を創り出している、そんな印象を深く感じる一冊である。写真作家は自身のみで創作を完結することも多いが本書を見ると、まさに真島氏と山川氏の双方の美学が融合し、本書でしか出合えないひとときに溢れている。

ページをめくってみよう。春夏秋冬でひとくくりされた構成で、本書は展開されていく。各写真には駅名の他、その駅の開業年月日、一日の乗降客数、それぞれの駅に年齢が書かれている点が面白い。これは開業から発行時点で何年経っているのかを表しているのだが、「89歳」「106歳」「43歳」という表現手法に駅ごとの人生のようなものを感じられる。駅は人と人の交差点でもあり、鉄道と人を物理的にも精神的にもつなぐ場所だ。本書の作品中にも、そうしたコンセプトの作品が多く点在し、真島氏が手がけた作品集のなかでも圧倒的に人をモチーフにした作品が多い一冊だ。

真島氏の作品で表現されている「人」は、その写真作品のなかで存在の必然を感じるものがほとんどで、そこに写真家がいること、すなわち「カメラ」という異質なものがあるにも関わらず、その存在感が一切ない。時には声をかけながら、はたまた時にはスナップショットのように瞬間を待ち、写真に翻訳されている光景の数々は、単にドラマチックではない、撮影された前後の時間、列車の音、話し声や気温、湿度を色濃く読者に届ける。作品のなかには通学する学生の光景も多い。ちょうどこの本を手にした頃は僕自身も高校生。電車通学の最中にこの本を繰り返し、繰り返し読んだ。制服姿の作中の学生たちに感情移入しながらも、一方で「大人」がどのように我々の世代を見ているのか、そんなことにも想像を巡らせていた。たとえば冒頭にある、福塩線万能倉駅の写真や上越線大沢駅の写真では、いかにも当時の「女子高生」がモチーフになっている。同世代を生きる僕らにとっては、そこまで特異な存在ではなく、あえて一枚の写真にしなくても、と思うような感覚もあったが、やはり真島氏にとってみれば、時代を象徴する存在だったのだろうと推測している二枚だ。他にも学生をモチーフにした作品は多く、そのどれもがどこか「人生、がんばれよ」と〝先輩からのエール〟のようなものを感じる温かいカメラアイを感じる。これを自身へのエールのように勝手に変換して、当時の学生生活を謳歌していたのをよく覚えている。

山川氏の詞は、語りかけるような、そして語っている最中の言葉をそのまま文字化したような、吐息すら感じる語感が好きだ。女子学生が二人、雪中を行く作品に添えられた言葉がある。先頭を歩く彼女はマスクをし、表情が見えない。後ろの友人は寒さからか、口元を抑え、こちらも表情が見えない。二人の微妙な距離感に青春の「いろいろ」をにじませる、そんな一枚になっている。毎日繰り返される通学の時間だが、一日たりとも同じような心境であることはなく、ある時は楽しく、ある時は喧嘩した友人への怒りを抱え、ある時は意中の人のことを思い、そんな時間が通学のひとときに去来するのだ。そんな自身の実体験を投影しながら、写真を見て山川氏の詞に視線を移すと、最後の一文でこう、綴られている。

「十四歳って、つらいよぉ。」

いつ読んでも、この一文、この一枚に再会すると当時初めてこの写真と詞に出合った時のことを思い出す。当時はすでに14歳よりすでに少し上の歳だったが、「そうなんだよ、14歳って辛いよな」と思いを噛み締めた言葉であった。巨匠である真島氏の作品集について、僕がこのように語るのは非常におこがましいが、大ファン、ということでお許しいただければ幸いである。

さて、そんな真島作品の数々に触れて順調に感性を育てていった悠太少年は、将来の夢を「鉄道写真家」に進路変更。日本大学芸術学部写真学科を卒業し、写真家としてのキャリアをスタートさせた。一方で、撮影業務に付随して、執筆機会も多くなり、しばし文庫本に没入した。そんななかで出合ったのが、有川 浩氏著の『阪急電車』である。実は有川氏が著名な作家だというのは後から知り、この一冊は完全にタイトル買いした一冊である。

タイトルの通り、この作品の舞台となるのは阪急電車の今津線だ。片道15分ほどの支線である今津線で起こる、様々なストーリー。物語は各駅ごとに構成されているのに、読み進めていくと巧みに双方が絡み合う、爽快でリズミカルな一冊だ。そのどれもがインパクトが強いものの、実際に「ありそう」、そんな可能性を感じさせてくれるのがまた面白い。結婚式に参列したであろう引き出物を持つ「白いドレス」を着た女性、気になる女子大生に声をかけたいと葛藤し、もがく男子学生、孫と乗車しながらこれまでの時を思い返すおばあちゃん。そのどれもが「ありそう」なのだ。真島作品のところでも書いたのだが、どうしても僕は作品に対して、必然性の有無を感じてしまう悪い癖があり、それがゆえに中高生の頃はやはりの実写ドラマや映画にどこか作り物のニュアンスを濃く感じてしまい、没入することができなかった。そういった意味でも、自身の脳内で舞台を描ける小説は心地よい時間なのだが、「阪急電車」に登場するストーリーの数々は、僕らの生活の一歩か二歩、隣に存在する、いや、存在していてほしい、そんな物語なのだ。僕は列車に乗ってい

ふとした瞬間に見逃してしまう、そんな光景に出合いたくて、僕は今、旅を続けている。この時間が、きっと何かにつながっていると僕は信じている

ると、ぐるりと車内を見渡し、色々な人の立ち振る舞いをこっそり見ている。ローカル線の旅であれば、実際に気になった人物にふと声をかけることも多い。ぐずる子どもに悪戦苦闘するファミリーを見れば、自身も二児の父ということもあり、積極的にお手伝いに立候補する。そんな僕の日常と「阪急電車」の世界を重ね合わせると、不思議と日常の列車の中にもドラマがあふれていることに気づくのだ。カップルの姿を見かければ、決死の覚悟で思いを伝えた日もあっただろうし、親子の姿を見ればその子が生まれた日のことを想う。学生さんの笑い声がすれば、楽しかったであろう学校での時間を、酔っぱらって眠りこくスーツ姿を見れば「おつかれさま」と心から思ってしまう。鉄道の魅力は何も旅だけではなく、日常こそ大切なことがあふれている。

他者との関わり合いが、日進月歩で変わり続ける今日だが、そんななかでも変わらない、人の持つ魅力を改めて感じさせてくれる三冊を紹介させていただいた。写真家になった暁には必ずご挨拶に伺おうと思っていた真島満秀氏に、初めてお目にかかることができたのが、氏の葬儀の席だったことは悔やみきれぬ出来事だが、いつか自らが僕にとっての真島満秀氏のような存在になれるよう、これからも精進あるのみである。

私の「忘れられない鉄道の本」

1 既述『21世紀鉄道名景』（真島満秀　JTB）2001

2 既述『驛の記憶』（写真：真島満秀　詞：山川啓介　小学館）2003

3 既述『阪急電車』（有川 浩　幻冬舎文庫）2010

4 『鉄道の"瞬"を写す』（真島満秀　JTB）2002

鉄道写真家と真島満秀という人物をより深く知りたくて買った日記集。氏の生き方や自然との共存、軽井沢暮らしなど、憧れが詰まっていた。今でも時折読み返し、もうボロボロになっている。

5 『「青春18きっぷ」ポスター紀行』（込山富秀　講談社）2015

青春18きっぷのAD込山氏の本。「鉄道×広告」の代表格とも言える18きっぷポスターの画集とも言える存在。前職であるレイルマンフォトオフィス在籍時代に関わったものも収録されている。いつかは自分の写真で…という積年の思いもあるが、最近は自身の写真のアイデンティティが明確化したこともあり、他にも叶えたい目標も出てきた。しかし、青春18きっぷポスターはいつの日も「夢」そのもの。

6 『鉄道撮影　ハイテクニック&実戦ガイド』（弘済出版社）1999

もしかしたら全てはここから始まったかもしれない一冊。たまたま本屋で見かけて即購入。今でもここにまとめられている内容は素晴らしいと思う。ものすごく真似したし、どこに持って行くのも携行していた本で、まさに「実戦」で使用していた。表紙と本文がすでに分離しているほど読み込んだ。これの現代版とも言える「鉄道写真テクニカルガイド」では、僕も少し制作に関わることができ、嬉しかった。

7

『20世紀の蒸気機関車』（廣田尚敬、O・ウインストン・リンク　清里フォトアートミュージアム）　2000
廣田氏の作品とともに、海外で蒸機を撮影しているリンク氏の作品に感銘を受けた。これは2000年に発行されていたが、リバイバル展示（清里フォトアートミュージアム）の時に購入した。屋外映画を見る車の群衆の傍で、大量のストロボを炊き、SLを撮影している作品が大好き。手法もシチュエーションも現代では絶対に真似できなくて、好き。

8

『鉄道員』（浅田次郎　集英社文庫）　1997
同収録の『ラブレター』の方が好きである。今の感覚からすると「出来過ぎている」感のストーリーも心に響く。最近、映画のテーマ曲を聞き直してみたがやはり少し濃すぎる気がしつつも、やはり惹かれてしまうところもある。

9

『名物！たびてつ友の会』（山口よしのぶ　白泉社）　1996～
小学生の時に区立図書館で発見した漫画で、鉄道の旅を主体とした本格派旅まんが。鉄道旅、というとひたすら乗り継いでひたすら安く遠くへ、みたいな大人がいるイメージが強かった当時、漫画の主人公が、温泉に入り、美味しいものを食べ、観光し、鉄道を楽しむというスタイルがとても印象的で、実はこれは今の僕にかなりつながっている。また、ゴリゴリの鉄ちゃん主人公ながら、恋愛模様も描かれており、なんというか思春期の僕にとってはそういった面でも参考になった。ちなみに、本格派と書いたのは、監修が松本典久氏、表紙写真は真島事務所だったから。これもあって他の漫画とは違う、内容の濃さときれいさがあった。今考えると小学校時点で真島氏の作品に触れていたようだ。

10

『地下鉄のできるまで』（加古里子　福音館書店）　1987
自分と同い年の絵本。地下鉄のできるまでがわかりやすい絵で綴られた一冊で、子どものころに夢中で読んだ。ていねいに描かれているので、実際に地下鉄に乗るのが楽しみになった。自身に子どもができ、改めて絵本の存在に触れるなか、最初に思い出し、プレゼントしたいなと考えた一冊でもある。

あとがき

一日の勤務を終え、帰宅しようと乗る夜の通勤電車。老若男女で席は埋まり、つり革につかまることも日常。そんな時、ふと車内を見回して改めて気づきます。なんとスマホを見つめている人が多いことか。座っている人全員が一心不乱にスマホを見ているケースだって、今や珍しくなくなりました。

ここで、昔話をしても仕方ありませんが、昔は当たり前でした、紙の新聞や本が…。紙をめくる感触とともに読んだ内容を覚えていたり、本当は読みたかった記事の隣の記事をつい、読んでしまったり…。

とにかく、今やスマホ一つで何でもできる時代であるのは確かなことで、とても素晴らしいことです。「でも、少しは本だっていいよ」という素朴な思いとともに編集作業を進めましたが、皆さん、本には一家言お持ちだったり、編集部員のこちらが勉強になったり、とにかく、本に関する色々なエピソードの深さに、正直、驚きました。こんなにも皆さん、本に影響を受けているのか！　と。ましてや鉄道の本ですから、なおさら嬉しいものです。

当書にご登場くださった方のなかには、「ボロボロですが、今も大切に持っています」と語っておられる方が多いのは、そのひとつの証でしょう。

快くご協力してくださった二十名の皆様、本当にありがとうございました。また、本書を通じて、読者の皆様には、紙、電子を問わず、本の良さを少しでも感じていただけたら、こんなに嬉しいことはありません。なぜって、本は、やっぱり素晴らしいから。

「子どもの頃からたくさん本を読んで、自分でものを考えろと言われて育った」

これはご存知、アメリカの実業家、ビル・ゲイツの言葉。洋の東西を問わず、時代を問わず存在する読書の名言は、枚挙にいとまがありません。ぜひ、これからもインターネットと良い使い分けをしながら、本とお付き合いしていただけたら、と思います。

それではこれからも、素晴らしい読書ライフの第二幕へ、皆さまとともに出発進行です！

2023（令和5）年1月　『鉄道ダイヤ情報』編集部

月刊『鉄道ダイヤ情報』編集部

前身は昭和47年10月のダイヤ改正時に創刊された『ＳＬダイヤ情報』で、50周年を迎えた。鉄道写真を芸術品として捉え、主に鉄道撮影にフォーカスした編集方針を持つが、一方で鉄道の様々な分野の基礎知識に役立つ記事などもあわせて提供している。

交通新聞社新書169

忘れられない鉄道の本

活字を力に変えた珠玉の読書歴集

（定価はカバーに表示してあります）

2023年2月15日　第1刷発行

発行人——伊藤嘉道

編　集——『鉄道ダイヤ情報』編集部

発行所——株式会社交通新聞社

https://www.kotsu.co.jp/

〒101-0062　東京都千代田区神田駿河台2-3-11

電話　(03) 6831-6560（編集）

(03) 6831-6622（販売）

カバーデザイン—アルビレオ

印刷・製本—大日本印刷株式会社

ISBN978-4-330-00823-3